다시 시작하는 힘, 은혜

은혜 입은 사람들 시리즈

다시 시작하는 힘, 은혜

최병락 지음

요단
JORDAN PRESS

CONTENTS

간증   6

01 살려주시는 은혜   13
02 어둠을 밝히는 은혜, 노아   31
03 복이 되는 은혜, 아브라함   51
04 동행의 은혜, 야곱   69
05 내리막길에 임한 은혜, 요셉   87
06 지팡이에 임한 은혜, 모세   105
07 통곡의 은혜, 한나   121
08 겸손한 자에게 임한 은혜, 다윗   139
09 자격없이 초대받은 은혜, 므비보셋   157
10 손 잡아 주시는 은혜, 야베스   175
11 이해할 수 없는 사랑의 은혜, 고멜   193
12 은혜의 통로가 되는 은혜, 룻   209

간증

저는 담임목사님의 설교를 통하여 은혜를 입은 제가 학교에서 복이 되고 칭찬받는 자로 살기를 하나님께서 원하신다는 것을 깨달았습니다. 그래서 하나님께 제가 새로 입학하는 고등학교에서 '작은 예수'로 살게 해달라고 기도했습니다. 그리고 청소 당번이 아닐 때도 청소하고, 할 수 있는 한 범사에 감사하며 살았습니다. 몇 달 후 친구들과 얘기하던 중, 한 친구가 저에게 "나 너를 보니까 살짝 교회 나가고 싶은 마음이 생겨"라는 말을 했습니다. 그 말을 듣고 저는 마음에 큰 감동을 받았습니다. 제가 학교에서 친구들에게 복이 되는 은혜를 허락하시고, 작지만 친구들을 향한 전도의 문을 열어주신 하나님께 감사합니다. ── 유호 학생

나오미와 룻과 보아스의 관계에서 은혜가 어느 일방이나 독보적인 위치에서 임했다기보다 균형 잡힌 삼각형처럼 서로가 서로에게 선한 통로가 되었음을 보석처럼 캐내 깨우치신 명설교, 그 생수의 강에 풍덩 빠져버렸습니다. 우리가 하나님의 사랑, 예수님의

은혜, 성령님의 인도하심을 힘입어 자녀로 살아가듯, 나오미가 전한 복음을 이방 여인 룻이 받들고 룻은 예수님 닮은 기업 무를 보아스를 만남으로 완성된 은혜의 통로, 마라의 절망적 상황에서 영광의 예수님 탄생 가문까지 이어지며 흐르고 흘러갈 은혜 예정의 경로는 경탄할 수밖에 없습니다. 나에게 '나오미'셨던 어머니, 친구 어머니, 목사님, 성도님들의 귀한 모습을 떠올리며 감사했습니다. '삶의 길목마다 은혜의 통로로 깊아 가거라.'라고 말씀하시는 울림이 영혼에 스며듭니다. ── 강대립 장로

말씀이 다시 나를 그 자리로 이끄신다. 믿음의 선조들에게 임하신 하나님의 은혜가 그들에게뿐 아니라 바로 지금 나의 삶 가운데도 동일하게 역사하고 계신다는 분명한 하나님의 음성으로 들려와 나를 말할 수 없는 구원의 감격과 기쁨, 승리의 확신과 결단으로 다시 서게 하신다. 주님의 생명과 바꾼 은혜받은 내 삶을 통해 나는 죽고 오직 예수님으로 사는, 주님의 향기 가득 나는 은혜의 통

간증

로, 축복의 통로로 쓰임 받길 소망하며 오늘도 간절히 주님께 기도한다. —— 임현정 집사

> "There is so many bad people, but There is so many good people."

하루하루 수많은 사람과 엮인다. 때로는 직급의 상하로, 때로는 갑과 을로 나뉘고, 들려오는 비난과 비방으로 하루를 보낼 때면, 쓰지도 못할 사표를 만지작거리며 '사람은 사람과 사람 사이에서 비로소 사람'이라더니, 점차 그 사이에서 괴물이 되어가는 내 모습을 보게 된다. 그러던 중 설교시간에 들려온 저 문구가 나를 향해 외쳤다. 무서움에 웅크린 내 주위를 둘러싼 괴물들에게 가려 보이지 않았던 사람들이 나를 부르는 소리가 들렸다. 그곳에는 나를 위해 기도해주는 목자와 목원이 있었고, 나와 항상 함께 해주는 지금의 아내가 있었고, 만나기만 하면 웃고 떠드는 친구가 있었

고, 같이 찬양하고 사역하는 동역자가 있었다. 그제야 나를 외면하지 않으시는 하나님이 보이기 시작했다. 하나님은 나를 홀로 두지 않으셨다. 이곳엔 나를 위해 예비하신 하나님의 은혜들이 가득하다. ── 김선율 청년

단 한 번도 생각해보지 않았습니다. 그 많은 성경의 인물 중에서 나와 가장 닮은 사람이 '므비보셋'이라는 사실을…. 두 다리를 절어 왕궁에 출입조차 할 수 없었던 므비보셋이 엄청난 헤세드(은혜)를 받을 수 있었던 것은 오직 다윗이 므비보셋의 아버지 요나단과 했던 약속을 지키기 위하였다는 것을 말씀해주셨습니다. 하나님께서 나를 구원해주신 이유는 오직 예수 그리스도의 사랑의 약속 때문이었음을 다시 깨닫게 해주셨습니다.
"언젠가 하나님 앞에 섰을 때 가장 먼저 물어보고 싶은 것이 무엇입니까?"라는 질문을 받은 적이 있습니다. 그때 대답했습니다. "하나님, 왜 저를, 이렇게 죄 많은 저를 택하셔서 자녀 삼아주셨나

간증

요?" 이번 '은혜 입은 사람들' 시리즈 설교를 들으며 주님께서는 그 질문에 대한 답을 주셨습니다. "그저 사랑하기 때문이다."
이렇게 어마어마한 사랑을 거저 받았으니 거저 주신 그 귀한 사랑, 흘려보내는 통로로 쓰임 받는 인생 되길 소망합니다. 또한, 날마다 귀한 말씀으로 참 기쁨의 삶을 누리며 살게 하시는 담임목사님께 감사드립니다. —— 김이활 집사

지치고 삶의 어려움에 허덕이던 영혼이 12편의 '은혜 입은 사람들' 시리즈를 통해 소생케 되는 은혜가 있었습니다. 이미 많이 접했던 다윗, 야베스, 룻, 나오미, 모세 등 성경 속의 인물이었지만 '은혜'에 초점을 두고 하나님의 시선으로 설교를 들으니 새로운 은혜가 있었습니다. 매주, 오늘은 어떤 인물을 통해 내 삶을 통찰하게 하시고 바라보게 하실까 하는 기대감을 주셨습니다. 은혜는 대단한 사람에게 오는 것이 아닌 은혜가 아니고서 살 수 없는 연약한 우리의 인생에 찾아오심이 제가 가장 귀한 마음으로 남아있습니다.

은혜를 기억하고 사모하는 사람에게 은혜를 주시는 하나님을 경험하며 하나님을 더 알아갑니다. 예수님의 죽으심으로 완성된 십자가의 사랑으로 지금, 여기에서 내가 은혜의 말씀을 듣는다는 사실과 비단 성경에 나와 있는 인물뿐 아니라 나의 삶에서도 하나님은 때를 따라 돕는 은혜로 지금도 함께 하신다는 사실을 깨달았습니다. 작고 연약한 나에게 먼저 손 내미시며 '나의 사랑 내 어여쁜 자야 일어나서 함께 가자'(아 2:10) 말씀하시는 성령의 은혜의 물결에 속에서 교회가 한 마음으로 말씀을 듣게 되어 진심으로 감사했던 시리즈입니다. ── 빈미연 청년

People under Grace

은혜 입은 사람들 시리즈

01
살려주시는 은혜

에베소서 2:8

너희는 그 은혜에 의하여 믿음으로 말미암아 구원을 받았으니 이것은 너희에게서 난 것이 아니요 하나님의 선물이라

People under Grace

저에게 낡은 미니 아이패드가 있습니다. 책장에 꽂아두었다가 다시 사용할 이유가 생겨서 충전하고 화면을 켜니, 비밀번호를 넣으라고 합니다. 익숙한 번호를 넣으니, 잘못된 번호라고 15분 후에 다시 시도하라고 합니다. 15분 후에 다른 번호를 넣으니 잘못된 번호라고 15분 후에 다시 시작하라고 합니다. 그렇게 15분에 한 번씩 시간 날 때마다 비밀번호를 넣은 지 일주일이 넘어가는데 아직도 찾지 못하고 있습니다. 아이패드 안에 아무리 많은 자료가 들어있다고 해도, 비밀번호를 모르면 접근할 수 없습니다. 비밀번호를 잊어서는 안 됩니다.

아내가 작년에 영광이 수술로 미국을 몇 달 다녀온 적이 있습니다. 늘 출입하던 아파트 현관 입구의 비밀번호를 잊어버렸습니다. 네 자리를 누르고 샵(#) 버튼을 누르면 열려야 하는데, 누를 때마다 안 되고 몇 번 잘못 누르면 사이렌이 울려서 다음부터 두 번 더 눌러보고 안 되면 지갑에서 카드를 꺼내 문을 열면서 불편한 몇 달을 보냈습니다.

아내가 돌아왔습니다. 비밀번호 바뀌었다고 관리실에 가서 번호를 물어야 한다고 말해주고 있는데, 아내가 누르니 바로 현관문이 열립니다. 샵을 먼저 누르고 네 자리를 눌러야 했던 것입니다. 저는 몇 달 동안 네 자리를 누르고 샵을 눌렀더니 안 된 것입니다. 비밀번호를 제대로 알아야 문이 열립니다.

아파트 비밀번호는 아무에게도 알려주지 않습니다. 부모님이라고 해도 무조건 알려고 하지 마시기 바랍니다. 잘 아는 유머인데 아파트 이름이 자꾸 외국 이름, 들어보지 못한 어려운 이름으로 바뀌는 이유가 시어머님이 못 찾아오시게 하려는 것이라고 합니다. 그런데 요즈음은 아파트 이름이 다시 쉬워지는 추세라고 합니다. 할머니들이 들어도 기억하는 한글 이름들이 많아진다고 합니다. 왜 그렇게 쉬워지냐고 하니, 아파트 이름이 어려우니까 자꾸 시누이를 데리고 온다고 합니다. 그래서 둘이 오는 것보다 혼자 오는 것이 낫다고 다시 쉬워진다고 합니다.

누군가에게 비밀번호를 준다는 것은 내가 가진 모든 것을 당신에게 준다는 의미를 담고 있습니다. 여러분, 그렇다면 하늘의 문을 여는 비밀번호는 무엇일까요? 예수님도 하늘 창고라는 말씀을 쓰셨고 그곳에 우리 인생에 필요한 것들이 가득 들어있는데 하늘의 문을 여는 비밀번호를 안다면, 얼마나 좋겠습니까. 그래서 제가 성경을 읽다가 찾아낸 비밀번호를 오늘 여러분에게 알려드리겠습니다. 잘 받아 적으세요. 아니면 기억하시든지. 하늘의 문을 여는 비밀번호 G.R.A.C.E입니다. 바로, 은혜. 은혜가 하늘의 문을 여는 비밀번호입니다.

하늘로부터 여러분에게 오는 모든 좋은 것은 다 은혜 때문에 주어지는 것입니다. 은혜라는 비밀번호가 눌러지면 하늘의 문이 열리고 여러분에게 하늘에 있는 것이 임하는 것입니다.

"우리가 세상의 영을 받지 아니하고 오직 하나님으로부터 온 영을 받았으니 이는 우리로 하여금 하나님께서 우리에게 은혜로 주신 것들을 알게 하려 하심이라" (고전 2:12)

하나님이 우리에게 주시는 모든 것들은 다 은혜로 주신 것입니다. 우리의 공로나 노력같이, 지성이면 감천이라는 식으로 하늘 문이 열리는 것이 아니라, 하나님께서 은혜를 베푸셔서 우리에게 값없이 주시는 풍성한 사랑의 결과입니다. 오늘부터 저는 여러분과 함께 성경 속에서 그 은혜를 입은 사람들의 이야기를 나누려고 합니다. 구약부터 신약까지 은혜를 입은 사람들을 찾아서 여러분에게 소개할 때에 그분들이 받았던 은혜를 여러분들도 받아서 누리시길 축원합니다.

우리가 사용하는 단어 중에는 상하는 단어가 있고 상하지 않는 단어가 있습니다. 시간이 흐르면 식상해지고 상해서 더 사용해도 감동이 없거나 그 의미가 퇴색된 단어가 있습니다. 예를 들어 백화점이나 마트에서 물건을 사고 나올 때 직원이 하는 인사가 있습니다. "사랑합니다. 고객님"이라는 인사입니다.

사랑이라는 세상에서 가장 고귀한 단어를 쓰고 있지만, 그 말 속에는 진심도 감동도 찾아볼 수가 없습니다. 하는 사람도 알고 듣는 사람도 압니다.

처음에 괜찮지만 나중에는 식상해지는 단어도 있습니다. 소위 말해 상해버린 단어들이 있습니다. 인터넷 뉴스에서 조회 수를 늘리기 위해서 사용하는 단어들입니다. "충격", "경악", "속보" 같은 단어들은 상해버려서 그 단어를 보고 충격도 안 받고 경악도 안 하고 당연히 속보도 아닌 것을 알게 됩니다.

그러나 세월이 가도 상하지 않는 단어들이 있습니다. "엄마"같은 단어입니다. 엄마라는 단어는 들으면 눈물이 납니다. 기독교에도 그런 단어가 하나 있습니다. 바로 "은혜"라는 단어입니다. 은혜라는 단어가 들어간 찬양을 부르면, 성도들의 눈시울이 어느새 붉어져 있습니다.

유명 기독교 작가 필립 얀시(Philip Yancey)는 "은혜"라는 단어는 절대로 상하지 않는 단어라고 말했습니다. 맞습니다. 은혜라는 단어는 세월이 가도 상하지 않고 계속 신선도를 유지하면서 우리에게 감동을 줍니다. 필립 얀시는 또한 은혜를 이렇게 표현했습니다.

"물 한 방울 속에 해의 모습이 담겨 있듯이 복음의 진수가 은혜 안에 담겨 있다"(『놀라운 하나님의 은혜』, 14쪽)

은혜라는 단어만큼 하나님을 멋지고 정확하게 담아내는 단어도 없을 것 같습니다. 은혜는 느끼고 받아들이는 것이지, 분석하는 것이 아닙니다. 그래서 화이트(E.B. white)는 이런 말을 남겼습니다.

"은혜는 개구리처럼 해부할 수 있으나 그렇게 하는 순간 생명을 잃어버리고 만다. 은혜는 분석하는 것이 아니라 받아들이는 것이다."

앞서 말씀드렸듯이 오늘부터 여러분과 함께 은혜를 입은 사람들의 이야기를 하려고 합니다. 창세기에서부터 요한계시록까지 은혜를 경험한 사람들을 찾아내어 소개할 것입니다. 바라기는 그 많은 사람 중에 가장 큰 은혜를 입은 주인공은 바로 여러분이 되기를 바랍니다.

성경 속에 은혜를 경험한 사람들이 워낙 많다 보니, 누구부터 소개할지 고민이 되었습니다. 그러다가 가장 큰 은혜를 받은 한 사람이 떠올랐습니다. 그 주인공을 여러분에게 소개하겠습니다. 바로 "당신"입니다. 바로 당신이 그 은혜를 받은 주인공입니다. 태어나서 지금 이때까지 여러분은 은혜 때문에 사는 것입니다. 이것에 대해 동의하지 않는 분들은 아무도 없을 것입니다. 그렇다면, 여러분이 받은 그 많은 은혜 중에서 가장 큰 은혜는 무엇입니까? 바로 "구원의 은혜"입니다. 사람이 받을 수 있는 은혜중에 이것보다 큰 은혜는 없습니다.

존 뉴턴(John Newton)이 지은 어메이징 그레이스(Amazing Grace)의 가사도 이렇게 시작하고 있습니다.

"나 같은 죄인 살리신 주 은혜 놀라와 잃었던 생명 찾았고 광명을 얻었네."

인간이 받을 수 있는 은혜 중에 가장 큰 은혜는 죽을 죄인이 살아나게 된 구원의 은혜입니다. 에베소서 2:8을 보면 우리가 구원을 받되, 무엇으로 구원을 받는다고 기록돼 있습니까?

"너희는 그 은혜에 의하여 믿음으로 말미암아 구원을 받았으니 이것은 너희에게서 난 것이 아니요 하나님의 선물이라"

(엡 2:8)

우리가 구원을 받은 것은 노력이나 공로나 업적이 아니라, 오직 은혜로 받는다고 말씀하고 있습니다. 'Sola Gracia', 이것이 구원하시는 은혜입니다. 우리는 태어날 때부터 하나님을 믿지 않는 상태에서 태어났습니다. 태어나는 날부터 하나님을 믿는 사람은 아무도 없습니다. 성경은 이것을 하나님 밖에서 태어났다고 말합니다. 우리는 태어날 때부터 하나님을 떠난 상태에서 태어났고, 하나님과 관계가 끊어진 상태에서 태어났습니다. 성경은 이 상태를 죄라고 말하고, 그런 존재를 죄인이라고 말합니다.

그런데 어떤 노력과 방법을 다 동원해도 인간이 하나님께로 돌아갈 수 없습니다. 인간 스스로는 태어날 때부터 가지고 있는 죄의 문제를 해결할 수 없습니다. 아담과 하와가 에덴동산에서 쫓겨나 자녀를 낳았기 때문에, 그 후손들은 태어나면서부터 하나님께 추방된 상태, 즉 하나님 없이 태어나는 것입니다. 그렇게 살다가 죽으면 하나님 없는 곳, 즉 지옥으로 자연스럽게 가게 되어있습니다. 이런 인간의 상태를 에베소서 2:12는 이렇게 밝히고 있습니다.

"그 때에 너희는 그리스도 밖에 있었고 이스라엘 나라 밖의 사람이라 약속의 언약들에 대하여는 외인이요 세상에서 소망이 없고 하나님도 없는 자이더니"(엡 2:12)

다시 말해 우리는 태어날 때 자연스럽게 그리스도 밖에 있는 사람이었고, 하나님 나라에서 보면 외국인이었고, 소망도 없고 하나님도 없는 철저히 버려진 인생이었던 것입니다. 하나님이 우리를 돌보시고 살려주시고 자녀 삼아주실 이유가 전혀 없습니다. 이런 인간의 상태를 로마서 3:23은 이렇게 기록하고 있습니다.

"모든 사람이 죄를 범하였으매 하나님의 영광에 이르지 못하더니"(롬 3:23)

이게 우리의 실존입니다. 우리 인간의 운명입니다. 그러나 하나님에게는 치명적인 약점이 있습니다. 제가 의도적으로 약점이라는 표현을 썼습니다. 하나님의 최고의 약점은 "사랑"이 풍성하다는 것입니다. 그분의 다른 이름이 사랑이라고 불릴 정도로 하나님은 사랑이 많으신 하나님이십니다. 사도 요한이 예수님 곁에서 평생을 보내면서 내린 결론은 "하나님은 사랑이시다."라는 것이었습니다. 사랑의 하나님은 자기가 빚어 만든 인간이 지옥 가는 것을 볼 수 없었던 것입니다. 그래서 사랑으로 말미암아 인간을 살려주기로 하셨습니다. 하나밖에 없는 자신의 아들인 예수님을 이 땅에 내려보내시고, 인간이 지은 죄를 인간에게 돌리지 아니하시고, 자기 아들에게 모두 짊어지게 만들어, 우리 죄를 대신해서 아들이 대신 죽임을 당했습니다.

하나님의 아들이 죽음으로 말미암아 인간의 죄 문제가 해결되고, 하나님께로 갈 수 있는 구원을 받게 되었습니다. 원래는 그리스도 밖에 있었고, 하나님 나라에서는 외국인이었고, 소망도 없었던 인간이 예수 그리스도로 말미암아 어떻게 되었습니까?

이것에 대해서 에베소서 2:13~19는 이렇게 설명하고 있습니다.

"이제는 전에 멀리 있던 너희가 그리스도 예수 안에서 그리스도의 피로 가까워졌느니라 그는 우리의 화평이신지라 둘로 하나를 만드사 원수 된 것 곧 중간에 막힌 담을 자기 육체로 허시고 법조문으로 된 계명의 율법을 폐하셨으니 이는 이 둘로 자기 안에서 한 새 사람을 지어 화평하게 하시고 또 십자가로 이 둘을 한 몸으로 하나님과 화목하게 하려 하심이라 원수 된 것을 십자가로 소멸하시고 또 오셔서 먼 데 있는 너희에게 평안을 전하시고 가까운 데 있는 자들에게 평안을 전하셨으니 이는 그로 말미암아 우리 둘이 한 성령 안에서 아버지께 나아

감을 얻게 하려 하심이라 그러므로 이제부터 너희는 외인도 아니요 나그네도 아니요 오직 성도들과 동일한 시민이요 하나님의 권속이라" (엡 2:13~19)

예수 그리스도의 공로로 말미암아 우리가 구원을 받게 되었습니다. 그렇다면 하나님은 왜 우리 인간을 이런 비싼 값을 치르면서 구원을 하신 것일까요? 여러분이 잘 알다시피 하나님이 당신을 사랑하셔서 그렇습니다.

그렇다면 여기서 멈추지 말고 다음 질문을 던져야 합니다. 왜 그 사랑이 나를 향했을까? 하나님이 사랑이신 것은 알겠는데, 하나님의 사랑이 이 많고 많은 사람 중에 왜 나에게 임했을까? 그 이유를 고민해보아야 합니다.

여러분에게 충분한 시간을 드리겠습니다. 하나님의 사랑이 이렇게 많은 사람 중에 당신에게 임했는지를 고민하고 답을 찾아보시기 바랍니다. 놀라운 것은 10년을 고민해도 절대로 찾지 못하는 한 가지는 당신이 그 사랑을 받을 자격이 없다는 것입니다. 당신 안에 하나님이 당신을 사랑할 수밖에 없는 치명적인 매력이 전혀 없다는 것을 알게 될 것입니다.

그렇다면, 하나님의 풍성한 사랑의 화살이 왜 하필 당신에게로 향했던 것일까요? 정답은 바로 "은혜"입니다. 아무런 자격 없는 자에게 베풀어주시는 사랑, 이것이 은혜입니다. 로마서 3:23~24를 다시 읽어봅니다.

"모든 사람이 죄를 범하였으매 하나님의 영광에 이르지 못하더니 그리스도 예수 안에 있는 속량으로 말미암아 하나님의 은혜로 값 없이 의롭다 하심을 얻은 자 되었느니라"(롬 3:23~24)

여러분이 구원받은 이유는 은혜 외에는 그 어떤 것으로도 설명할 수 없습니다. 이에 대해 디도서 3:4~7은 이렇게 말씀하고 있습니다.

"우리 구주 하나님의 자비와 사람 사랑하심이 나타날 때에 우리를 구원하시되 우리가 행한 바 의로운 행위로 말미암지 아니하고 오직 그의 긍휼하심을 따라 중생의 씻음과 성령의 새롭게 하심으로 하셨나니 우리 구주 예수 그리스도로 말미암아 우리에게 그 성령을 풍성히 부어 주사 우리로 그의 은혜를 힘입어 의롭다 하심을 얻어 영생의 소망을 따라 상속자가 되게 하려 하심이라"(딛 3:4~7)

여러분이 오늘 주일이라고 화면 앞에 앉아서 이렇게 예배를 드리며 하나님을 하나님이라 부르지 않고 아버지라고 부르는 이 말도 안 되는 놀라운 복을 어떻게 받은 것입니까? 하나님의 은혜 때문입니다.

외모도 보지 않고, 학력도 보지 않고, 집안 배경도 따지지 않고, 재력도 상관없고, 쓸만한 재주도 살펴보지 않고, 무조건 여러분을 자녀 삼기로 태초 전부터 결정하시고, 구별해 놓으셨다가 세상에 태어난 후 창세 전에 약속해놓은 몇 월 며칠에 그 약속을 스스로 지키시면서 여러분을 조건 없이 구원해주신 하나님의 은혜 때문에 하나님의 자녀가 된 줄 믿습니다. 이것에 대해서 에베소서 1:4~7은 이렇게 말씀하고 있습니다.

> "곧 창세 전에 그리스도 안에서 우리를 택하사 우리로 사랑 안에서 그 앞에 거룩하고 흠이 없게 하시려고 그 기쁘신 뜻대로 우리를 예정하사 예수 그리스도로 말미암아 자기의 아들들이 되게 하셨으니 이는 그가 사랑하시는 자 안에서 우리에게 거저 주시는 바 그의 은혜의 영광을 찬송하게 하려는 것이라 우리는 그리스도 안에서 그의 은혜의 풍성함을 따라 그의 피로 말미암아 속량 곧 죄 사함을 받았느니라" (엡 1:4-7)

구원받은 이유를 설명할 수 있으면 은혜가 아닙니다. 구원받은 이유를 설명하기 시작하면 그때부터 은혜가 되지 않고 공로나 업적이 됩니다. 그때부터 은혜는 여러분 곁에서 사라져 버리고 맙니다. 앞서 말씀드렸듯이 "은혜는 해부하는 개구리가 아니다. 해부하는 순간 생명을 잃어버린다. 은혜는 설명하는 것이 아니라 그냥 받아들이는 것이다"라고 했습니다. 그래서 바울은 로마서에서 우리가 은혜를 대할 때 조심해야 할 부분을 이렇게 설명하고 있습니다.

> "만일 은혜로 된 것이면 행위로 말미암지 않음이니 그렇지 않으면 은혜가 은혜 되지 못하느니라"(롬 11:6)

여러분, 평생 감사하며 살아야 할 이유는, 하나님께서 아무런 자격 없는 나를 이토록 많은 사람 중에서 일방적으로 아무 조건 없이 구원 해주시고 자녀 삼아주셨다는 그 사실입니다. 그것 하나만으로도 여러분은 평생 받을 복을 다 받은 것입니다. 하나님의 은혜가 햇살처럼 여러분 인생에 비추었다는 것만큼 큰 복이 어디 있겠습니까.

우리가 죽을 때까지 평생 감사하며 살아야 하는 이유는 두 가지입니다.

Unconditional Election(무조건적인 선택)
Irresistible Grace(저항할 수 없는 은혜)

나에게 아무런 판단 능력이 없을 때, 태 속에서 형질조차도 안 만들어 졌을 때, 나에게 아무런 선택능력을 없을 때 나를 선택해 주신 무조건적인 선택이 첫 번째 은혜입니다. 두 번째 나를 향한 은혜가 저항할 수 없는 은혜였다는 것입니다. 어떤 사람은 "너희가 그 은혜로 인하여 믿음으로 말미암아 구원을 얻었다고 했으니, 하나님이 은혜를 주셔도 내가 그 은혜를 받아들였기 때문에 구원을 받은 것 아니냐. 그래서 하나님의 은혜도 중요하지만, 내가 믿었다는 나의 공로도 있지 않으냐?"고 말하는 사람이 있습니다. 몰라서 그런 소리를 합니다. 이 은혜가 어떤 은혜냐면 하나님이 어떤 사람에게 은혜를 주시기로 하시고 은혜의 햇살을 그 사람에게 비추면 그 사람은 저항할 능력이 없이 은혜를 받게 되어있기 때문에 내가 은혜를 받는 것에서도 내 노력은 하나도 없는 것입니다.

마치 나무 한 그루 없는 사막의 한가운데 서 있을 때, 하늘에서 햇살이 쏟아지면 그 무엇으로도 막지 못하고 고스란히 몸에 받게 되듯이, 내 위에 부어지는 은혜의 햇살도 이와 같아서 내가 받아들이고 말고가 할 수 있는 것이 아닌 나를 구원하시기 위해 하나님께서 일방적으로 쏟아부어주시는 은혜입니다. 그래서 은혜를 알고 사는 사람은 평생 두 가지를 잊지 않습니다.

첫째, 평생 나의 어떤 조건도 보지 않고 일방적으로 선택하셔서 구원해주신 하나님의 은혜를 잊지 않고 감사를 드리는 삶을 사는 것, 둘째, 나의 공로로 된 것이 전혀 없기 때문에 남들 앞에 구원을 자랑하지 않고 늘 겸손한 모습으로 살아가는 것입니다. 나는 구원을 받았는데 너는 못 받았다고 구원을 나의 공로처럼 자랑해서는 안 됩니다. 은혜가 무엇인지를 아는 사람은 자랑하지 않습니다. 다른 사람보다 더 나아 내가 구원을 받았다고 오해하지 않습니다. 나도 저들과 똑같은 사람인데 하나님의 무조건적인 선택으로 말미암아 구원을 받았다는 것 때문에 오히려 미안해져서 남들을 더 잘 섬기며 사는 겸손의 사람이 되게 되어있습니다. 은혜를 아는 사람은 하나님 앞에 교만하지 않고 사람 앞에 거만하지 않고, 늘 위로는 하나님을 섬기고, 옆으로는 이웃을 섬기는 삶을 자연스럽게 살게 되는 줄 믿습니다.

People under Grace

은혜 입은 사람들 시리즈

02

어둠을 밝히는
은혜, 노아

창세기 6:5-8

여호와께서 사람의 죄악이 세상에 가득함과 그의 마음으로
생각하는 모든 계획이 항상 악할 뿐임을 보시고
땅 위에 사람 지으셨음을 한탄하사 마음에 근심하시고
이르시되 내가 창조한 사람을 내가 지면에서 쓸어버리되 사람으로부터
가축과 기는 것과 공중의 새까지 그리하리니 이는 내가 그것들을 지었음을
한탄함이니라 하시니라 그러나 노아는 여호와께 은혜를 입었더라

People under Grace

몇 해 전 목사님 몇 분과 함께 콜로라도 '애스핀'을 방문한 적이 있습니다. '애스핀'(Aspen)은 스키를 타는 사람들에게는 꿈의 장소이고 은사시나무, 자작나무가 온 동네를 뒤덮고 있는 아름다운 곳입니다. 은사시나무가 영어로 '애스핀'입니다. 그야말로 자작나무가 동네 이름이 된 것이죠.

그곳의 풍경 하나를 제 핸드폰으로 찍어보았습니다. 낮에는 성경을 연구하고, 밤에는 이렇게 동네 구경을 다녔습니다. 온종일 열띤 성경공부와 토론을 마치고, 밤이 되어서 밖으로 나갔습니다. 깊은 산속에 보이는 것이 아무것도 없었습니다. 그런데 거짓말처럼 우리 곁으로 소 크기의 사슴 떼가 달리기 시작하는데 일대 장관이었습니다. 그리고 더 깊은 산속으로 함께 걸어 들어갔습니다. 어디쯤 이르렀을까, 목사님 한 분이 외치듯이 말합니다. "하늘을 한번 보세요." 그래서 올려다본 하늘은 숨을 멎게 했습니다. 밝게 빛나는 별들 때문이었습니다. '애스펀'은 전 세계에서 별이 가장 가까이 보이는 곳 중의 하나라고 합니다. 정말 그곳에서 올려다본 별은 평생 잊을 수 없는 밝고 영롱한 별들이었습니다. 콜로라도의 깊은 어둠이 별을 그토록 밝게 보이게 만들어 주고 있었던 것입니다.

저는 '밤이 어두울수록 별은 더 밝게 빛난다.'는 말을 책에서 배우지 않고 경험으로 배웠습니다. 어릴 적 교회에 갔다 집으로 돌아오는 자정이 다 된 시간에 가로등 하나 없는 우리 동네를 비추던 별도 그렇게 빛났습니다.

성경에서 가장 어두운 시대 하나를 꼽으라고 한다면 노아의 시대입니다. 사랑이 그렇게 풍성하신 하나님께서 전 지구적으로 심판을 감행하셔야 할 정도였으니 그 시대의 밤이 얼마나 칠흑같이 어두웠는지 우리는 가늠하게 됩니다. 오늘 본문에 하나님께서 인간을 지으신 것을 한탄하셨다고 기록돼 있는데, 이것을 단순히 하나님의 실수나 후회로 봐서는 안 되고 안타까움으로 봐야 할 것입니다.

'한탄'이라는 히브리어는 영어로 'to be sorry'로써 '유감스럽다.', '마음이 불편하다.'라는 뜻입니다. 그리고 "마음에 근심하셨다."에서 '근심'은 마음에 난 상처를 말합니다. 'Hurt, Pain'으로 해석합니다. 따라서 이를 조금 더 일반적인 용어로 번역을 해보자면, "하나님께서 자기가 만드신 인간들이 행하는 악을 보시면서 마음이 불편함을 넘어서 마음에 큰 상처를 입으셨다."라고 번역해야 할 것입니다.

하나님께서 인간을 보실 때 왜 마음의 큰 상처를 입으시고 마음이 그토록 불편하셨을까요? 사람이 실수하거나 죄를 지어서? 맞습니다. 하지만 사람은 누구나 실수를 할 수 있고 연약하면 죄를 지을 수 있습니다. 그래서 단지 우리가 실수하거나 연약해서 죄를 짓는다고 하나님이 우리를 지으신 것을 후회하시지는 않을 것입니다. 마음은 아닌데 몸이 안 따라 줘서 사람이 죄를 지을 수도 있고, 실수할 수도 있고, 잠시 잠깐 유혹에 넘어가서 큰 죄를 범할 수 있지 않습니까? 이런 것 때문에 하나님이 후회하시거나 마음에 상처가 생기지는 않습니다.

그런데 만약 그 죄를 짓는 것이 연약함이나 실수 때문이 아니라 의도적이라면 말은 달라집니다. 누군가 여러분에게 실수로 큰 잘못을 할 수 있습니다. 그런데 실수인 줄 알았던 그것이 나중에 알고 봤더니 계획적이었다면 여러분의 마음에는 큰 상처가 날 것입니다.

하나님이 노아의 시대를 보고 이토록 안타까워하시고 마음에 상처가 난 이유가 무엇입니까? 5절입니다.

"여호와께서 사람의 죄악이 세상에 가득함과 그의 마음으로 생각하는 모든 계획이 항상 악할 뿐임을 보시고" (창 6:5)

노아 시대 사람들의 문제는 항상 죄를 짓는 것뿐 아니라, 그 죄를 계획하여 지었다는 것이고, 앞으로도 계속 죄를 지을 것을 계획하는 것입니다. 연약해서, 실수해서 죄를 지어 죄가 세상에 가득하다면 하나님께서 기회를 주시겠지만, 회개는 커녕 앞으로도 계속 죄를 지을 것을 마음속으로 계획을 하고 있다면 심판 외에 답이 없는 것입니다. 지은 죄도 회개하지 않았는데, 더 큰 죄를 24시간, 밤이나 낮이나 계획하고 있다면 그 마음은 하나님이 용납할 수 없는 마음입니다.

여러분, 회개하지 않는 죄는 하나님도 용서하실 수가 없습니다. 사람이 무슨 죄를 지어도, 그가 어떤 사람이든 상관없이 회개하고 돌아오는 사람은 다 용서하시고 받아주시지만, 회개하지 않은 채 나를 받아달라고 오는 사람은 용서할 수도, 받아들일 수도 없습니다. 하나님은 죄가 없으신 분이시기 때문에 회개하지 않은 죄인과 죄를 품을 수 없습니다. 그래서 무슨 죄를 지어도 이해한다 하지만 회개하고 돌아오라고 하시는 것입니다.

노아 시대의 문제가 여기 있습니다. 사람들은 죄를 짓고도 회개하지 않는 백성들이었고, 죄를 짓고도 회개는커녕 더 큰 죄를 계획하고 준비하는 돌이키지 않는 백성이었기에 하나님의 심판이 시작된 것입니다. 이런 차원에서 보자면 하나님의 심판 때문에 사람이 죽는 것이 아니라, 죄가 그를 멸망시키는 것입니다. 심판의 가혹함을 하나님 탓으로 돌리면 안 됩니다. 하나님은 언제나 기회를 충분히 주시는 분이시요, 지금도 돌아올 기회를 주시는 분이십니다. 그래서 사탄은 회개하고 하나님께로 돌아갈까 봐 사람들에게 죄를 짓게 하고는 회개하지 않게 만드는 방법을 사용하고 있습니다.

로마서 1장에는 인간이 살면서 짓게 되는 대표적인 죄 21가지가 소개되어있습니다.

"이 때문에 하나님께서 그들을 부끄러운 욕심에 내버려 두셨으니 곧 그들의 여자들도 순리대로 쓸 것을 바꾸어 역리로 쓰며 그와 같이 남자들도 순리대로 여자 쓰기를 버리고 서로 향하여 음욕이 불 일듯 하매 남자가 남자와 더불어 부끄러운 일을 행하여 그들의 그릇됨에 상당한 보응을 그들 자신이 받았느니라 또한 그들이 마음에 하나님 두기를 싫어하매 하나님께서 그들을 그 상실한 마음대로 내버려 두사 합당하지 못한 일을 하게 하셨으니 곧 모든 불의, 추악, 탐욕, 악의가 가득한 자요 시기, 살인, 분쟁, 사기, 악독이 가득한 자요 수군수군하는 자요 비방하는 자요 하나님께서 미워하시는 자요 능욕하는 자요 교만한 자요 자랑하는 자요 악을 도모하는 자요 부모를 거역하는 자요 우매한 자요 배약하는 자요 무정한 자요 무자비한 자라 그들이 이같은 일을 행하는 자는 사형에 해당한다고 하나님께서 정하심을 알고도 자기들만 행할 뿐 아니라 또한 그런 일을 행하는 자들을 옳다 하느니라"(롬 1:26-32)

이렇게 약 21가지의 대표적인 죄를 소개하고 있는데 이 모든 죄를 지어도 회개하고 돌이킨다면 이 죄는 여러분을 지옥으로 데려갈 수 없습니다. 그런데 여기 나오는 21가지 죄보다 가장 큰 죄가 회개하지 않는 것입니다. 위에서 언급한 것들이 죄가 아니라고 말하는 것입니다. 그래서 회개할 필요가 없다고 말하면서 회개하지 않는 것이 죄 중에 가장 큰 죄입니다. 32절입니다.

"그들이 이같은 일을 행하는 자는 사형에 해당한다고 하나님께서 정하심을 알고도 자기들만 행할 뿐 아니라 또한 그런 일을 행하는 자들을 옳다 하느니라"(롬 1:32)

죄를 회개하기는커녕 그 죄를 옳다고 주장했을 때 하나님의 심판이 임박했다고 보면 됩니다. 오늘날을 왜 어두운 시대라고 하는지 아세요? 똑같은 일이 일어나고 있기 때문입니다. 성경에서는 죄라고 분명히 말하고 있는데, 세상은 더는 죄가 아니라고 말하는 것입니다. "그것은 죄가 아니다. 사람은 다 원래 그렇게 사는 것이다. 이게 인권이다."

성경에서 죄라고 말하는 것들을 아무렇지도 않게 짓고 사는 것은 인간이 연약해서 그렇다고 합시다. 그런데 더 큰 문제는 그런 죄를 짓고도 회개는커녕 죄가 아니라고 말해주는 것이 가장 위험한 것입니다.

로마서 말씀처럼 자기들만 행할 뿐 아니라 또한 그런 일을 행하는 자들을 옳다고 말하는 시대에 우리는 살아가고 있습니다. 사탄이 회개하지 않아도 되도록 세상을 만들고 있다는 것입니다. 회개하면 하나님께서 얼마든지 용서하실 것을 알기 때문에, 하나님께 돌아갈 수 없도록 죄를 짓고도 회개하지 않게 만드는 것입니다.

노아의 시대가 그랬습니다. 죄를 짓고도 회개하지 않는 것은 당연하고, 그날 밤 침상에 누워서 내일은 또 어떤 죄를 지을까를 생각하는 사람들이었습니다. 죄를 짓고, 죄를 계획하고, 죄를 또 실천하는 사람들로 가득했다는 것입니다. 다시 말해 죄를 의도적으로 짓는 사람들입니다.

하나님은 중심을 보시는 분이시기 때문에, 그들의 모든 생각이 다 보인 것입니다. 그들이 오늘 지은 죄만 보이는 것이 아니라,

내일 지을 죄까지 보이는 것입니다. 그러고도 그들 마음속에 죄를 회개할 마음이 조금도 없는 것까지 다 보인 것입니다. 그래서 6절에 결론이 나옵니다.

> "땅 위에 사람 지으셨음을 한탄하사 마음에 근심하시고"
> (창 6:6)

인간의 이런 잔인함을 보신 하나님 마음의 상처를 기록하고 있는 것입니다. 하지만 노아 시대의 죄는 좀 더 심각했습니다. 세상 어디에도 이런 못된 사람들 몇 명쯤 있습니다. 그런데 노아 시대의 문제는 몇 명쯤이 아니라 모든 사람이 그랬다는 것입니다. 11~12절에는 당시의 상태를 이렇게 기록합니다.

> "그 때에 온 땅이 하나님 앞에 부패하여 포악함이 땅에 가득한지라 하나님이 보신즉 땅이 부패하였으니 이는 땅에서 모든 혈육 있는 자의 행위가 부패함이었더라"(창 6:11-12)

그야말로 하나님 눈에 노아의 시대는 온 세상이 어두운 밤이었던 것입니다. 세상 어디에도 죄가 없는 곳이 없었으니 하나님의 심판이 불가피했던 것입니다. 소돔과 고모라 때는 한 도시가 죄를 지었지만, 노아의 때는 온 세상이 죄를 지었습니다. 죄가 세상에 가득했기 때문에 세상 전체를 물로 심판하실 수밖에 없었던 것입니다. 노아의 시대는 그야말로 아무런 소망이 보이지 않는 시대였고, 내일도 소망이 없는 시대였습니다.

그런데, 제가 설교 처음에 말씀드렸듯이, 밤이 깊으면 별이 더욱 밝게 빛난다고 했습니다. 이런 칠흑같이 어두운 시대에 별처럼 빛나는 한 사람이 등장합니다. 그 사람이 바로 '노아'입니다. 8절입니다.

"그러나 노아는 여호와께 은혜를 입었더라" (창 6:8)

은혜는 이런 것입니다. 어두운 밤에 떠 있는 별과 같은 것입니다. 아무리 세상이 어두워도 그중에 은혜를 입은 사람이 있습니다. 아무리 세상이 심판 아래 놓여도 살아나는 사람이 있습니다. 바로 은혜를 입은 사람입니다. 저는 여러분이 그 사람 되기를 축원합니다. "주님이 찾으시는 그 한 사람 그 예배자, 내가 그 사람 되길 간절히 주께 예배하네."

노아는 이런 칠흑같이 어두운 세상에 홀로 반짝반짝 빛나는 별과 같은 한 사람이었습니다. 은혜를 입었기 때문입니다. 성경에 나오는 가장 매력적인 구절이 8절이 아닐까 합니다.

"그러나 노아는 여호와께 은혜를 입었더라"(창 6:8)

이 구절에서 '은혜'라는 단어만큼 매력적인 단어가 '그러나'라는 단어입니다. 여러분도 '그러나'의 복을 받으시기 바랍니다. 세상이 아무리 어두워 심판을 받을지라도… "그러나 000는 하나님께 은혜를 입었더라."

'그러나'는 모든 사건을 뒤집는 반전의 단어입니다.

내 삶에 아무 소망이 없을지라도,
'그러나 주께서 은혜를 주시더라.'
내 눈앞에 아무것이 보이지 않을지라도,
'그러나 주께서 갈 길을 인도하시더라.'
내 팔에 아무런 힘이 없을지라도,
'그러나 주께서 나의 힘이 되어주시더라.'
내 지식이 너무 짧아 아무것도 알 수 없을지라도,
'그러나 주께서 내게 지혜를 부어주시더라.'

이것이 '그러나'의 은혜입니다. 노아는 지금 온 세상이 심판 아래 놓여 있는 순간에 '그러나'의 은혜를 받았습니다. 노아는 '그러나'의 복과 은혜의 복을 받았습니다. 노아에게 임한 은혜가 여러분에게도 임하시길 축원합니다.

아이들이 공부하는 학교가 점점 하나님 없는 어두움으로 바뀌어 가고 있습니다. 미국의 학교들은 벌써 오래 전에 어둠에 잠식되었습니다. 기도도 못 합니다. 성경도 못 가지고 갑니다. 예수 믿는다는 말도 못 하게 합니다. 심지어 어느 초등학교에서 부활절을 묘사하는 그림을 그리라는 요청에 아이 하나가 십자가에 달린 예수님을 그렸다가 교장 선생님에 의해서 사이코패스가 아닌지 정신감정을 받게 되는 해프닝도 있었습니다. 그야말로 학교에서 십자가도 사라지고, 성경도, 기도도, 찬송도 모두 사라진 어둠이 내려앉았습니다.

한국이 점점 그 길로 가는 것 같습니다. 우리 아이들은 매일 그런 어둠이 짙게 깔린 교실로 보냄을 받고 있습니다. 이때 받아야 할 은혜가 '그러나'의 은혜입니다. "그러나, 우리 강중침 아이들은 하나님께 은혜를 입은 자들이더라."

여러분이 시집을 왔는데 시집 전체가 예수님을 믿지 않는 집안이라고 한다면 하나님은 당신을 그 집안의 노아로 보내신 것입니다. '이 집안은 한 사람도 예수님을 믿지 않는 어둠이었다. 그러나 OOO는 하나님께 은혜를 입었더라.' 그 한 사람이 그 집안에 있으므로 인해 집안이 살아나게 될 줄 믿습니다.

노아 한 사람으로 말미암아 노아의 아내와 세 아들 셈, 함, 야벳과 세 며느리 집안 식구가 다 구원을 받은 것처럼 여러분의 집안이 예수 잘 믿는, 그래서 하나님의 은혜가 임한 여러분을 통해 살아나기를 축원합니다. 어디를 가나, 그곳에 어둠이 있다고 할지라도 우리 강중침 식구는 노아의 은혜를 받아야 합니다. 그런 차원에서 8절에 짧게 기록된 "그러나 노아는 여호와께 은혜를 입었더라"라는 구절은 정말 엄청난 구절입니다. 여러분에게 이 은혜가 임하시길 축원합니다.

인간의 죄가 아무리 크고 전 세계를 덮어서 하나님의 심판을 멈출 수가 없는 와중에 은혜를 입고 살아나는 사람이 있는 것입니다. 늘 말씀드렸듯이, 하나님은 진노 중에라도 긍휼을 잊지 않으시는 분이시기 때문에 우리가 죄에서 돌이키고, 회개하고, 하나님의 바지를 붙잡으면 사는 것입니다.

은혜가 무엇인가? 내게 하나님이 필요하다는 것을 아는 마음, 그것이 제일 큰 은혜입니다. 그것을 모르는 마음이 화인 맞은 마음이고, 하나님 없이 살 수 없다는 마음이 가장 큰 은혜를 받은 마음입니다. 노아에게는 하나님과 동행해야만 살 수 있다는 마음 하나뿐이었는데, 하늘에서 별처럼 은혜가 쏟아졌습니다. 여러분에게 하나님이 늘 필요하다는 마음이 쏟아지시길 축원합니다.

하나님 없이 난 살 수 없다는 마음을 하나님은 너무 좋아하십니다. 나간 자식이 돌아오기를 지금도 기다리고 계시고, 은혜를 베푸실 준비를 해놓고 계시고, 진노하시면서도 용서할 준비를 다 끝내놓고 기다리시는 분이십니다. 시편 78:38에도 이렇게 노래하고 있습니다.

"오직 하나님은 긍휼하시므로 죄악을 덮어 주시어 멸망시키지 아니하시고 그의 진노를 여러 번 돌이키시며 그의 모든 분을 다 쏟아 내지 아니하셨으니"(시 78:38)

하나님은 어느 날 갑자기 노아의 시대를 보시면서, "어…. 세상이 어두워졌네. 에이 심판하자." 하시고 감정적으로 바로 심판하시는 그런 분이 아니십니다. 하나님께서는 심판이 있기까지 또 얼마나 참아주시고 기다려주시고, 하나님께로 돌아오도록 얼마나 많은 기회를 주셨는지 모릅니다.

하나님의 진심은 심판이 아닙니다. 용서입니다. 죽이는 것이 아닙니다. 살리는 것입니다. 하나님은 노아 시대 사람들에게도 충분한 시간을 주셨습니다.

베드로전서 3:20의 기록을 보십시오.

"그들은 전에 노아의 날 방주를 준비할 동안 하나님이 오래 참고 기다리실 때 복종하지 아니하던 자들이라 방주에서 물로 말미암아 구원을 얻은 자가 몇 명뿐이니 겨우 여덟 명이라"
(벧전 3:20)

노아가 방주를 짧게는 80년 길게는 120년을 지었는데, 왜 그렇게 오랜 시간 걸렸는지 아세요? 방주가 커서 그런 것이 아니라, 백성이 회개하도록 하나님이 오래 참으셨기 때문에 그렇습니다. 방주의 제작 기간은 하나님의 기다리심의 시간입니다.

깊게 다루지는 못하지만, 므두셀라는 969세를 살면서 성경에서 최장수를 했습니다. 므두셀라의 이름은 '창을 가지고 마을을 지키는 자'라는 뜻으로, 다른 의미로 '그가 죽으면 마을에 종말이 온다.'라는 뜻입니다.

사람들은 약 천 년 동안 므두셀라의 이름을 부르면서 그가 죽는 날 종말이 온다는 것을 입으로 시인했던 것입니다. 그런데 정작 그 말이 현실이 될 줄 몰랐습니다. 므두셀라가 죽던 969세 때, 노아의 나이는 600세입니다. 노아가 600세가 되는 날이 홍수심판이 시작되는 날이었습니다. 하나님은 백성들이 회개하고 돌아오도록 천 년을 기다려주신 것입니다.

므두셀라가 죽으면 세상의 종말이 온다고 말씀하신 하나님이 므두셀라를 969세 즉, 천 년 동안 살려주신 이유는 천 년 동안 회개하고 돌아오라는 하나님의 애끓는 마음 때문이었습니다. 홍수

심판이 잔인하다고 말하지 마세요. 잘못은 하나님이 아닌, 회개하지 않는 인간에게 있음을 기억해야 합니다.

지금도 죽어서 지옥 가는 사람들은 하나님이 사랑이 없어서 그런 것이 아니라, 아들을 주시기까지 사랑을 해 주셨는데, 그 사랑도 믿지 않고 뿌리치고는 인간이 스스로 걸어서 지옥으로 들어가는 것입니다. 도대체 하나님이 얼마나 더 우리에게 사랑을 보여주시고, 증명해 보이시고, 확증해주셔야 합니까? 우리에게 아들까지 주시고 우리를 대신해서 갈기갈기 찢겨 죽게하시기까지 사랑한다고 증명해주셨으면 내 죄가 그렇게 컸나보다 하고 회개하고 하나님께로 돌아와야지. 그 사랑까지도 뿌리치면서 살았던 사람은 하나님이 지옥으로 보내시는 것이 아니라, 자기가 하나님의 손을 뿌리치고 지옥으로 걸어 들어간 것입니다.

하나님의 사랑이 모자란 것이 절대로 아닙니다. 하나님만 사랑하신 것이 아니라, 우리를 살리기 위해 일방적으로 보냄을 받은 아들 되신 예수님도 똑같은 마음으로 우리를 위해 자신을 내어주셨습니다.

십자가 위에서 고통 가운데 우리 대신 죽어 주시면서도 마지막에 팔을 벌리시고 뭐라고 말씀하셔요? "내가 너를 이만큼 사랑한다."하고 돌아가셨습니다. 하나님의 사랑은 측량할 수 없는 사랑이고, 그 사랑이 오늘도 여러분을 향해 손을 내밀고 있는데, 그 사랑을 매몰차게 뿌리치고 지금도 하나님을 떠나서 마음대로 사는 사람들은 지옥으로 보냄 받은 사람들이 아니라, 스스로 그 곳으로 걸어가고 있는 사람들입니다. 하나님을 오해하지 마세요. 그분은 여러분에게 사랑을 충분히 주셨습니다.

노아 시대의 사람들은 천 년 동안 기다리고 기다린 하나님의 사랑을 외면했습니다. 하나님이 물로 심판하신 것이 아니라, 그들이 스스로 심판 속으로 걸어 들어간 것입니다.

그러나 이런 상황 가운데서, 하나님을 떠나지 않고 하나님의 손을 잡은 사람이 있었으니 바로 노아였습니다. 노아는 하나님께로 돌이킨 사람입니다. 모두가 하나님을 떠난 세상에 하나님 없이는 살 수 없다고 하나님을 선택한 사람입니다. 9절의 증언입니다.

"……노아는 의인이요 당대에 완전한 자라 그는 하나님과 동행하였으며"(창 6:9)

모두가 하나님을 떠날 때 그는 오히려 하나님을 붙잡았습니다. "하나님, 저는 하나님과 함께 걷겠습니다." 이 구절을 읽어보면, 노아가 의인이요, 완전한 자여서 하나님과 동행했다고 읽히지만, 반대로 읽어도 됩니다. 그가 하나님과 동행했기 때문에 의인이 되었고, 완전한 자로 살 수 있었다는 것입니다.

실제로, 영어 주석은 이렇게 기록하고 있습니다.

"His righteousness and integrity were manifested in his walking with God" *(Keil and Delitzsch Biblical Commentary* on the Old Testament)

해석을 해보자면, '그의 의로움과 완전함이 동행함을 통해서 보였다.'라는 뜻입니다. 하나님과의 동역보다 더 중요한 것은 동행입니다. 노아가 받은 은혜는 동행의 은혜였습니다. 그의 의로움도 완전함도 자기의 노력에서 이루어낸 것이 아니라, 하나님을 떠나지 않고 동행했을 때 주어지는 선물이었고 은혜였습니다.

미국에서 이사를 자주 했습니다. 다른 주로 이사를 할 때는 한국처럼 이삿짐 센터를 통해 하고, 같은 동네 안에서 이사하면 대부분 직접 트럭을 빌려서 합니다. 이때 도와주는 사람이 필요합니다.

우리 집에 도와주러 오는 부사역자들이 있습니다. 그러면 이사 하는 날, 종일 저는 부사역자들에게 줍니다. 양복도 몇 벌만 남기고 이거 입어봐라, 저거 입어봐라 해서 옆에 있는 사역자에게 주고, 넥타이도 몇 개만 남기고 모두 옆에 있는 사역자에게 주고, 구두도 주고, 소파도 주고, 안마 의자도 주고, 어떤 때는 옮기는 것보다 주는 것이 더 많을 정도입니다. 그 날은 제가 나름대로 아끼던 걸 아낌없이 주는 날입니다. 그런데, 그때 누가 그걸 다 받느냐 하면 바로 제 옆에 있는 사람입니다. 그 순간에 오지 않은 어느 사역자가 생각나서, '이건 그 사역자 거야'하고 챙겨놓지 못합니다. 눈에 보이는 사람에게 이것도 주고, 저것도 줍니다. 복은 옆에 있는 사람이 받지 멀리 있는 사람이 받지 않습니다.

은혜가 이런 것입니다. 하나님이 은혜를 주고 싶으실 때 옆에 있는 사람에게 주십니다. 멀리 있는 누구를 생각해서 은혜를 아껴두지 않으십니다. 하나님이 가지고 계신 가장 좋은 것은 바로 옆에서 동행하는 사람에게 주십니다. 노아는 동행하는 사람이었습니다. 여러분, 평생 주님을 떠나지 말고, 하나님을 잘 믿으시고, 믿음의 길을 걸으시기 바랍니다. 동행하는 자에게 하나님은 날마다 새로운 쏟아지는 은혜를 주실 줄 믿습니다.

People under Grace

은혜 입은 사람들 시리즈

03
복이 되는 은혜, 아브라함

창세기 12:1-3

여호와께서 아브람에게 이르시되 너는 너의 고향과 친척과
아버지의 집을 떠나 내가 네게 보여 줄 땅으로 가라
내가 너로 큰 민족을 이루고 네게 복을 주어
네 이름을 창대하게 하리니 너는 복이 될지라
너를 축복하는 자에게는 내가 복을 내리고 너를 저주하는 자에게는 내가
저주하리니 땅의 모든 족속이 너로 말미암아 복을 얻을 것이라 하신지라

People under Grace

제가 은혜 시리즈 설교를 시작하면서 드린 말씀을 기억하십니까? 우리가 받은 은혜 중에 가장 큰 은혜가 구원받은 은혜라고 했습니다. 죄 중에 태어나 하나님 없이 살다가 죽어서 하나님 없는 영원한 지옥으로 갈 수밖에 없는 우리를, 자신의 아들까지 보내어 대신 죽게 하심으로 우리를 살려주신 은혜는 측량할 수 없는 은혜입니다.

이런 은혜를 받은 사람이 아브라함입니다. 인간이 하나님처럼 되려고 바벨탑을 쌓자 하나님이 그 탑을 무너뜨리시고 사람들을 온 세상 지면으로 흩으셨습니다. 그리고 그 때부터 사람들은 언어가 통하지 않은 민족으로 나뉘어 살아가게 되었습니다.

그런 시대에서 아브라함이라는 사람은 '갈대아 우르'라는 곳에서 태어나 살고 있었습니다. 하나님을 전혀 모르는 집안에서 태어났습니다. 하나님을 모르는 집안 정도가 아니라, 아버지 데라는 우상 신상을 만들어 팔던 우상 사업가였습니다. 아브라함도 어렸을 때부터 가사 도움으로 아버지의 일을 도우며 살았을 것은 뻔한 일입니다. 하나님의 관점에서 이런 아브라함을 선택하시고 불러내실 이유가 전혀 없었습니다.

그런데 하나님은 그 많고 많은 사람 중에 티그리스 강과 유프라테스 강 사이 페르시아만에 있는 갈대아 우르에 사는 무명의 아브라함을 부르셨습니다. 그리고는 그의 후손에서 이 세상을 구원할 메시아를 보내겠다는 계획을 세우셨습니다. 이것은 하나님의 일방적인 선택과 부르심입니다. 왜 부르셨는지 이유를 찾지 마세요. 이유가 없습니다. 그냥 그를 택하여 부르신 것입니다. 여러분도 나를 왜 구원하셨는지 묻지 마세요. 이유가 없습니다. 그냥 선택하여 부르신 것입니다. 이유가 있으면 공로. 이유가 없으면 은혜입니다.

하나님의 부르심을 받은 아브라함은 정든 고향을 떠나 믿음의 여정을 시작하게 됩니다. 이런 아브라함에게 가장 큰 두려움이 무엇일까요? 어디로 가는지를 모르고 간다는 것입니다. 오늘 본문에 보면 무시무시한 단어가 나옵니다. 뭘까요? "보여 줄 땅"입니다.

길을 떠나는 사람에게 제일 무서운 단어는 보여준 땅이 아니라, 보여줄 땅입니다. 어디로 방향을 잡고 가야 할지도 모르고, 모르기에 준비도 할 수 없고, 그냥 하루하루 보여주시는 곳으로 가야 하는 것이 아브라함에게는 제일 무서운 일이었습니다.

이것에 대해서, 히브리서 11장에서는 다른 표현을 썼습니다.

> "믿음으로 아브라함은 부르심을 받았을 때에 순종하여 장래의 유업으로 받을 땅에 나아갈새 갈 바를 알지 못하고 나아갔으며"(히 11:8)

보여줄 땅으로 갈 바를 알지 못하고 가야 하는 인생이 얼마나 두렵고 처량한 인생입니까. 보여줄 땅으로 가는 길에 무슨 일을 만날지를 어떻게 알 수 있고, 어느 나라 땅을 지나가야 할지도 모르고, 어떤 도적을 만나고, 어떤 속이는 자를 만나고, 어떤 포악한 자를 만날지도 모른 채 갈 바를 알지 못하고 아브라함은 길을 나선 것입니다.

이런 아브라함을 하나님께서 보내시면서 그냥 보내실 리가 없죠. 하나님은 아브라함을 가나안 땅으로 인도하시기 위해 그 머나먼 길을 나서도록 최고의 무기를 안겨주십니다. 세상에 이것보다 확실한 보호장치가 없을 것입니다. 하나님은 역시 하나님이셨습니다.

그 먼 길을 떠나는 아브라함이 보여줄 땅에 안전하게 도착하기 위해서 하나님께서 아브라함에게 주신 약속이 무엇일까요? 바로 3절입니다.

> "너를 축복하는 자에게는 내가 복을 내리고 너를 저주하는 자에게는 내가 저주하리니 땅의 모든 족속이 너로 말미암아 복을 얻을 것이라 하신지라" (창 12:3)

보통 우리가 아브라함을 복의 근원이라고 이야기할 때, 쉽게 머릿속으로 그리는 그림이 있습니다. 아브라함이 복을 사람들에게 나눠주는 그림입니다. 그래서 아브라함이 누군가에게 복을 나눠주면 그 사람이 복을 받고, 저주하면 그 사람이 저주를 받는 것으로 이해를 합니다.

그런데 성경을 자세히 읽어보면 반대입니다. 아브라함은 누구를 축복하거나 저주를 하지 않고 그냥 갈 길을 갑니다. 그런데 가는 길에서 만나는 사람들 중에 아브라함을 축복하는 사람은 복을 받고, 아브라함을 저주하는 사람은 저주를 받게 하셨습니다. 이것이 아브라함에게 주신 약속입니다. 3절을 다시 보겠습니다.

> "너를 축복하는 자에게는 내가 복을 내리고 너를 저주하는 자에게는 내가 저주하리니……" (창 12:3)

아브라함은 가만히 있고, 아브라함을 어떻게 대하느냐에 따라 그 사람이 복을 받기도 하고 저주를 받기도 한다는 말입니다. 먼 길을 떠나는 아브라함에게 이것보다 멋진 보호장치가 어디 있겠습니까. "앞으로 네가 어느 마을로 들어가더라도 걱정하지 마라. 앞으로 네가 노상에서 어떤 무서운 사람들을 만나도 두려워하지 마라. 누구라도 너에게 복을 빌고 잘 대해주면 내가 그 사람에게 복을 줄 것이다. 앞으로 누구라도 너를 저주하고 핍박하면 내가 그 저주를 그 사람들의 머리로 되돌아가게 하겠다. 너는 두려워하지 말고 내가 보여줄 땅으로 당당하게 걸어가라."

이것이 하나님의 보호 약속입니다. 실제로 아브라함에게 약속하신 복과 저주의 약속이 이루어진 사례들이 있습니다. 바로가 아브라함의 아내를 빼앗아서 자신의 아내로 삼으려고 하는 것은 아브라함을 저주한 것입니다. 그러자 하나님께서 바로의 집안에 큰 재앙을 내리셨다고 했습니다. 그리고 그날 밤 하나님이 바로의 꿈에 나타나셔서 바로를 죽이려고 합니다. 아브라함을 향한 저주가 바로의 집안에 저주로 임한 것입니다. 깜짝 놀라 회개한 바로가 다음 날 아침에 아브라함을 축복합니다. 아내를 돌려주고, 많은 가축을 보상금으로 주며 아브라함을 축복합니다.

바로가 아브라함을 축복하자, 어젯밤에 임했던 저주가 사라지고, 바로의 집이 다시 살아나게 되는 복을 받게 됩니다. 정확하게 아브라함을 저주했을 때 바로에게 저주가 임했고, 아브라함을 후대했을 때 바로의 집이 회복되었습니다. 아브라함에게 약속하신 하나님의 약속이 한 치의 오차도 없이 이루어진 것입니다.

아브라함이 아비멜렉 왕을 만났을 때도 똑같이 일어나는 것을 볼 수 있습니다. 누구든지 아브라함을 저주하면 저주가 그 사람에게 돌아갔고, 축복하면 복이 그 사람들에게 돌아갔습니다. 우리도 아브라함과 같은 사람들입니다. 아무 이유도 없이 우리만의 갈대아 우르에서 태어나 살던 우리를 찾아오시고 죄에서 불러내어 구원하사 자녀 삼아주셨습니다. 그리고 우리에게 믿음으로 살아가라고 믿음의 여정을 시작하게 하셨습니다. 믿음으로 살아간다는 것은 너무도 힘든 여정입니다. 믿지 않는 사람들 사이에서 오해도 받고 상처도 받으며 믿음을 지켜나가면서 약속의 땅 가나안으로 가야 합니다. 가나안을 향해 가는 아브라함이나 천국을 향해 가는 우리의 삶이 똑같습니다.

저는 우리 강남 중앙 모든 식구가 이 믿음의 여정에서 아브라함이 받은 복을 받으시길 축원합니다. 누구든지 여러분을 축복하면 그 복을 여러분도 받고 축복한 사람도 받는 분들이 되시기를 바랍니다. 반대로 누구든지 여러분을 저주하면 그 저주는 여러분에게 임하지 말고 여러분을 저주한 사람에게 임하여 다시는 여러분을 괴롭히는 일이 없기를 바랍니다. 또한, 당연히 여러분을 저주하는 사람이 한 사람도 없어서 그 저주가 여러분에게도 그 사람에게도 임하지 않는 복을 받으시길 바랍니다.

아브라함은 이처럼 하나님으로부터 최고의 은혜를 받았습니다. 갈 바를 알지 못하는 지시할 땅으로 가야 하는 불안한 아브라함에게 "걱정하지 마라. 어디를 가든지 누구를 만나든지 너는 걱정하지 말고 갈 길 가라. 너를 축복하는 자는 복을 받을 것이고, 너를 저주하는 자는 저주를 받을 것이다. 이 약속을 내가 반드시 지키겠다."라고 아브라함과 언약을 맺어 주신 것입니다.

여러분 모두 믿음의 여정에서 아브라함의 복을 받으시길 축복합니다. 여러분이 길을 갈 때, 저 멀리서 두세 사람이 이런 말을 해야 합니다. "저 집사님한테 욕하지 마라. 그 욕을 우리가 다 먹는다. 저 권사님 저주하지 마라. 그 저주가 우리 집으로 고스란히 온다. 저 집사님은 그냥 축복만 해줘라. 그러면 그 복이 우리 집에 그대로 임한다." 이런 복을 받으시기 바랍니다.

이스라엘 사람들은 이 원리를 잘 알았습니다. 이스라엘 사람들은 하나님이 복 주시고 은혜 베푸시는 방법을 알았습니다. 하나님이 사랑하시는 것을 내가 축복하면 그 복을 나도 받는다는 것을 너무 잘 알고 있었습니다. 반대로 하나님이 사랑하시는 것을 저주하면 그 저주가 내게 임한다는 것도 잘 알았습니다. 그래서 이것을 잘 아는 지혜로운 사람들은 하나님의 사람들을 절대로 저주하지 않았습니다.

다윗이 사울 임금을 대적하지 않은 이유가 여기 있는 것입니다. 다윗이 손해를 입으면서도 기름 부은 자 사울을 계속 축복하고 그를 저주하지 않았기 때문에 그가 사울을 향해 빌어주었던 모든 복이 결국은 다윗의 머리로 되돌아온 것입니다.

이스라엘 사람들은 이런 사상을 사람 뿐만 아니라 장소에도 적용하며 살았습니다.

이스라엘 백성들은 성전이 있는 예루살렘을 늘 축복했습니다. 그 이유가 시편 122:6에 나옵니다.

> "예루살렘을 위하여 평안을 구하라 예루살렘을 사랑하는 자는 형통하리로다" (시 122:6)

이스라엘 사람들은 모두 이것을 알았습니다. 그래서 성전이 눈에 보이는 곳에 살면 성전이 보일 때마다 복을 빌었고, 보이지 않는 먼 곳에 살 때는 마음속에 성전을 그리면서 복을 빌었습니다. 그러면 그들이 어디에 있든지 상관없이 하나님이 그들에게 복을 주셨습니다.

이것을 잘 알았던 사람이 다니엘입니다. 이역만리 끌려와 바벨론의 포로가 된 다니엘을 보세요. 다니엘이 바벨론에 포로로 잡혀

와 있으면서도 어떻게 그 나라의 총리가 되었습니까? 날마다 성전을 향해서 문을 열어놓고 하루에 세 번씩 성전을 그리워하면서 축복하는 기도를 했던 것입니다. 그것 때문에 하나님께서 기도하는 다니엘이 서 있는 곳에 형통의 복을 내리신 것입니다. 다니엘이 바라보며 축복했던 그 성전이 대단한 성전이라서 축복한 것이 아닙니다.

죄를 많이 지어서 하나님의 심판을 받아 돌 위에 돌 하나도 남지 않은 성전입니다. 그런데 그런 성전을 다니엘은 저주하지 않고, 오히려 성전을 향해 복을 빌고 기도합니다. 그래서 하나님께서 그 성전이 아니라 다니엘에게 약속하신 형통의 길로 응답해 주셨던 것입니다.

"예루살렘을 위하여 평안을 구하라 예루살렘을 사랑하는 자는 형통하리라 아멘."

저는 교회를 다니면서 자기가 다니는 교회를 욕하는 사람을 이해할 수 없습니다. "이놈의 교회, 이놈의 교회…" 그리고는 온갖 흉을 보면서 다니는 사람들이 있습니다. 교회가 사람들의 모임이니 완전할 수 없겠지만, 교회는 날마다 몸부림치면서 주님 앞에 칭찬받는 교회가 되기 위해 노력하는 곳입니다. 그런데 본인이 몸

담고 다니는 교회임에도 입에는 "이놈의 교회"라는 말을 입에 달고 사는 사람들이 있습니다. 물론, 안타까움에서 나오는 말이겠지만, 교회를 향한 저주가 몸에 밴 사람들이 있다는 말입니다. 그 모습을 하나님이 다 보고 계신다는 사실을 늘 생각해야 합니다.

이것은 단지 성도가 교회를 향해 가져야 할 자세만 말하는 것이 아닙니다. 여러분 주변의 사람들과의 관계도 똑같은 원리입니다. 주변에 있는 사람을 축복해서 그 사람이 잘되면, 그 복이 여러분에게 흘러오지 않습니까? 주변에 있는 사람을 저주해서 그가 저주를 받았다면 그 고통을 옆에 있는 여러분이 함께 짊어지지 않습니까?

나라를 저주해서 나라가 못살게 되면, 가난은 백성들의 몫입니다. 하나님의 사람을 축복해서 그가 복을 받으면 그 복은 나에게로 자연스럽게 흘러옵니다. 그래서 지혜가 있는 사람은 누구를 만나든지 복을 빌어주고 잘되기를 빌어주어야 합니다. 그게 내가 복을 받는 비결입니다.

우리 한국이 이렇게 세계 최빈국에서 최단 시간에 제일 잘사는 나라가 된 것은 이유가 있습니다. 원수가 되어 헤어져도, 헤어질 때 인사가 "에이 잘 먹고 잘 살아라."입니다. 싸우면서도 축복하는 민족이 우리 민족입니다. 결국 이 짧은 역사 속에서 우리나라 사람들은 잘 먹고 잘살게 되었습니다. "에이 잘 먹고 잘살아"라는 축복이 이루어지니 그 사람의 복이 결국 주변의 사람들에게도 흘러가게 되어 더불어 잘살게 되는 것입니다.

아무리 심하게 욕을 해도 "빌어먹을 놈"입니다. "굶어 죽을 놈"이라고 하지 않습니다. 얼마나 고맙습니까. 상대방이 죽이고 싶도록 미워도, 빌어먹어서라도 살라고 축복합니다. 이것이 우리 한국 사람들이 지금 복 받고 사는 민족성이고 심성입니다. 정말 원수가 집에 찾아와도 쫓아내면서 소금을 뿌리는 민족입니다. 옛날에는 소금이 돈이었습니다. 돌을 던지지 않고 비싼 소금을 던져주는 민족. 그거 모아서라도 국밥 한 그릇이라도 사 먹으라는 정이 자기도 모르는 정서에 깊이 베인 민족입니다.

여러분, 늘 축복하며 사시기 바랍니다. 교회를 다니면 교회를 축복하고, 학교에 다니는 학생은 학교를 축복하고, 부모들은 자녀를 축복하고, 만나는 사람마다 복을 빌어주는 삶을 살아야 합니다.

다시 아브라함의 이야기로 돌아갑니다. 갈대아 우르에 사는 아브라함을 불러내신 하나님께서 아브라함의 의사와는 아무 상관 없이 그에게 복을 주시기로 작정하셨습니다. 세 가지 복을 약속하십니다.

첫째, 너로 큰 민족을 이루게 해 주겠다.

둘째, 네게 복을 주겠다.

셋째, 너의 이름을 창대하게 해 주겠다.

이 세 가지 복을 아브라함에게 일방적으로 약속하십니다. 이런 걸 뭐라고 한다고요? 은혜입니다. 이 세 가지 약속에서 주어가 하나님입니다. 하나님이 하시겠다는 것입니다. 내가 너로 큰 민족을 이루게 해 주겠다. 내가 너에게 복을 주겠다. 내가 너의 이름을 창대하게 하겠다.

그런데 이 구절에 보면 딱 한 번 주어가 하나님이 아닌 아브라함인 것이 있습니다. 2절 후반절에 나오는 "너는 복이 될지라"입니다. 이것을 원어로 풀어서 쓰자면 "너는 복이 되어라"입니다. 영어 성경은 "You will be a blessing."이라고 해서, "너는 복이 될 것이다."라고 썼는데, 원어는 그렇지 않습니다. 원어는 명령형입니다. "You! Be a blessing. 너는 복이 되어라."입니다.

풀어 쓰자면 이런 뜻입니다. 아브라함아 이제 너는 어디를 가든지 사람들이 저주를 받게 할 수도 있고 복을 받게도 할 수 있다. 너를 저주하면 그들이 저주를 받고 너를 축복하면 그들이 복을 받기 때문이다. 하지만 너는 그들이 다 복을 받을 수 있도록 복이 되어야 한다. 한 사람도 너를 저주하여 그 저주를 받지 않도록 너는 복이 되는 사람으로 살아야 한다. 그래야 너로 말미암아 모든 사람이 복을 받을 것이다. 이것이 너를 택하고 부른 이유이니라.

3절에 하나님의 진심이 고스란히 담겨 있습니다.

"너를 축복하는 자에게는 내가 복을 내리고 너를 저주하는 자에게는 내가 저주하리니 땅의 모든 족속이 너로 말미암아 복을 얻을 것이라 하신 지라"(창 12:3)

무슨 말입니까? 너 때문에 저주받는 사람이 한 사람도 없기를 바라고, 땅의 모든 사람이 너 때문에 복을 받기를 원한다. 그러므로 아브라함아, 부디 너는 어디를 가든지 복이 되어라. 칭찬받는 사람이 되어라. 너를 칭찬하는 사람들이 다 복을 받도록 해라.

하나님께서 아브라함에게 명령하신 "너는 복이 되어라."라는 말을 쉽게 풀어쓰면, "누구든지 너를 보면 좋아서 복을 빌어주고 싶은 삶을 살아라."입니다. 이게 오늘날 우리 크리스천들이 살아내야 할 사명입니다. 칭찬받는 성도! 칭찬받는 교회! 이번 주에도 십만 명 헌혈운동에 우리 교회가 첫 번째로 참여해서, 얼마나 많은 분으로부터, 언론사들로부터 주목을 받고 칭찬을 받았는지 모릅니다.

교회가 지금처럼 욕을 많이 먹는 시대에, 나머지 교회들은 힘을 다해 선을 행하여 칭찬받는 교회가 되어야합니다. 그래야 칭찬하는 모든 사람이 그 복을 받기 때문입니다. 어느 지역에 세워진 한 교회가 지나가는 사람들이 다 혀를 차고 욕을 하는 교회라면, 그 교회만의 문제가 아니라 혀를 차고 욕을 하는 사람들에게 그 화가 돌아가기 때문에 교회가 지역 사회에 엄청난 피해를 주게 됩니다.

그러나 교회가 선한 사업을 많이 하고 지역 사회에 칭찬을 받아서 지나가는 사람마다 교회를 칭찬하면 그 칭찬으로 인해 교회만 잘 되는 것이 아니라, 칭찬하는 사람들에게 복으로 돌아가기 때문에 주변의 모든 주민이 함께 복을 누리게 되는 것입니다.

여러분은 학교, 회사, 어디를 가든지 간에 그곳에서 욕먹는 사람이 아니라 칭찬받는 사람들이 되시기 바랍니다. 그게 사명입니다. 그래야 여러분을 칭찬하는 모든 사람이 복을 받습니다. "아브라함아, 너는 어디를 가든지 복이 되어라. 그래야, 내가 모든 사람에게 복을 줄 수 있다."라고 아브라함에게 내리신 명령을 늘 기억하시기 바랍니다.

결혼을 하고 미국에서 신혼생활을 하는데, 아이도 없고, 기르는 강아지도 없어서 유학생 중의 한 명이 기린 인형을 하나 주어서 집에 가져다 놓았습니다. 꽤 큰 인형이었습니다. 같이 있다 보니 정이 들었습니다. 그래서 이름 하나를 지어주고 싶었습니다. 보통 부부의 이름을 섞어서 이름을 짓던 것이 유행일 때라서, 둘의 이름을 합해서 지어보니, "복락"이었습니다. 그때부터 그 인형을 복락이라고 불렀고, 금요일마다 밥 먹고 성경 공부하러 오던 유학생들 모두 그 기린 인형에게 포옹하면서 "복락아 안녕"이라고 인사해서 유명한 인형이 되었습니다. 그러다가 나중에 이런 사모님이 생겼습니다. "그래, 우리 부부는 어디 가서 목회하든, 성도들에게 복락이 되자."

여러분, 여러분도 어디를 가시든 복락이 되십시오. 아브라함은 어디를 가나 복을 나누어주는 놀라운 은혜를 받았습니다. 오늘 말씀을 기억합시다. 이제부터 여러분은 누구를 만나든지 칭찬과 복을 빌어주는 사람이 되십시오. 빌어준 복을 여러분 평생에 받게 될 것입니다. 그리고 어디를 가든 누구를 만나든 그곳에서 복이 되는 사람이 되십시오. 여러분을 보면 저주가 나오지 않고 칭찬이 나오게 하여 자연스럽게 복을 빌어주고 싶은 사람이 되십시오. 그로 인해 여러분 주변의 모든 사람이 자신들이 빌어준 복을 받게 하십시오. 그것이 여러분이 복의 통로가 되는, 그리스도인으로 사는 가장 확실한 방법입니다.

People under Grace

은혜 입은 사람들 시리즈

04
동행의 은혜, 야곱

창세기 28:10-22

People under Grace

야곱이 브엘세바에서 떠나 하란으로 향하여 가더니
한 곳에 이르러는 해가 진지라 거기서 유숙하려고 그 곳의
한 돌을 가져다가 베개로 삼고 거기 누워 자더니
꿈에 본즉 사닥다리가 땅 위에 서 있는데 그 꼭대기가 하늘에 닿았고
또 본즉 하나님의 사자들이 그 위에서 오르락내리락 하고
또 본즉 여호와께서 그 위에 서서 이르시되 나는 여호와니
너의 조부 아브라함의 하나님이요 이삭의 하나님이라 네가
누워 있는 땅을 내가 너와 네 자손에게 주리니
네 자손이 땅의 티끌 같이 되어 네가 서쪽과 동쪽과 북쪽과 남쪽으로
퍼져나갈지며 땅의 모든 족속이 너와 네 자손으로 말미암아 복을 받으리라
내가 너와 함께 있어 네가 어디로 가든지 너를 지키며 너를
이끌어 이 땅으로 돌아오게 할지라 내가 네게 허락한 것을
다 이루기까지 너를 떠나지 아니하리라 하신지라
야곱이 잠이 깨어 이르되 여호와께서 과연 여기 계시거늘 내가 알지 못하였도다
이에 두려워하여 이르되 두렵도다 이 곳이여 이것은 다름 아닌
하나님의 집이요 이는 하늘의 문이로다 하고
야곱이 아침에 일찍이 일어나 베개로 삼았던 돌을 가져다가 기둥으로 세우고 그
위에 기름을 붓고 그 곳 이름을 벧엘이라 하였더라 이 성의 옛 이름은 루스더라
야곱이 서원하여 이르되 하나님이 나와 함께 계셔서 내가 가는
이 길에서 나를 지키시고 먹을 떡과 입을 옷을 주시어
내가 평안히 아버지 집으로 돌아가게 하시오면 여호와께서 나의 하나님이 되실
것이요 내가 기둥으로 세운 이 돌이 하나님의 집이 될 것이요 하나님께서 내게
주신 모든 것에서 십분의 일을 내가 반드시 하나님께 드리겠나이다 하였더라

여러분, 만약 누군가가 여러분에게 당신은 어떤 인생을 살아왔습니까? 라고 묻는다면 무엇이라고 대답할 수 있을까요? "내 인생은 평탄하여 근심과 염려가 없었습니다." 아니면, "내 인생은 다시 오지 않을 최고의 날들로 가득합니다." 라고 자신 있게 말할 수 있는 분이 얼마나 될까요?

오늘 여기에, 한 사람의 고백을 들어보십시오. "내 인생은 험악한 인생이었습니다." 누구의 고백일까요? 예, 바로 야곱입니다. 오늘 주인공은 야곱입니다. 야곱은 우리 인생을 많이 닮아있습니다. 딱히 인생의 시련이 없었던 이삭보다 풍파 많은 야곱의 이야기에 우리가 더 매력을 느끼는 것도 우리 인생을 더 많이 닮아있기 때문입니다. 그가 파란만장한 세월을 지내고 말년에 잃어버린 아들 요셉이 살아서 애굽의 총리가 되었다는 소식을 듣고, 가족을 이끌고 애굽으로 내려가 바로 임금 앞에 섰을 때, 자기 인생을 이렇게 표현을 합니다.

> "야곱이 바로에게 아뢰되 내 나그네 길의 세월이 백삼십 년이니이다 내 나이가 얼마 못 되니 우리 조상의 나그네 길의 연조에 미치지 못하나 험악한 세월을 보내었나이다 하고"(창 47:9)

'험악한 세월을 보내었나이다.' 이 한마디가 그의 인생을 모두 말해주고 있습니다. 맞습니다. 야곱의 인생은 그야말로 파란만장했습니다.

그는 쌍둥이로 태어났습니다. 쌍둥이 둘째의 설움을 아시나요? 5분 차이로 태어났는데 평생 동생으로 살아야 한다는 것. 특히 옛날 장자 중심의 문화에서는 5분 차이에 유산이 형에게로 다가고, 부모의 사랑을 독차지하고, 둘째는 영원히 메꿀 수 없는 5분의 간격의 설움을 가지고 평생 살아야 합니다.

야곱은 어른이 될 때까지 형의 기에 눌려서 한 번도 아버지의 인정을 제대로 받아 보지 못하고 살았습니다. 아버지가 붙여준 이름도 '야곱'인데 그 뜻은 '거짓말쟁이'입니다. 어느 아버지가 아들의 이름을 이렇게 지어줄까요.

또한, 성격도 형보다 유순하고, 체력도 형과 비교할 수 없이 나약한 사람입니다. 5분의 차이 때문에 아버지의 사랑은 영원히 첫째 아들 에서에게 향하고, 둘째 아들 야곱은 거짓말쟁이라는 이름으로 살아야 했습니다. 둘째 야곱에게 주어진 기회는 없었습니다. 아픈 손가락에 더 관심이 간다고 어머니 리브가에게 야곱은 아픈 손가락이었습니다. 모든 것을 혼자 힘으로 해내는 형보다, 아무 것도 할 수 없는 야곱을 엄마는 챙겨주어야 했습니다. 그래서 장자에게 해주는 아버지의 축복기도를 야곱이 몰래 받게 해 줍니다. 눈이 어두웠던 아버지는 에서인 줄 알고, 최고의 축복기도를 야곱에게 해 줍니다.

그때부터 야곱은 아버지에게 버림을 받고, 형에게 쫓김을 받는 인생이 됩니다. 축복은커녕 저주를 온몸에 받은 듯한 삶을 시작하게 됩니다. 축복권을 빼앗긴 형은 동생을 죽이려고 쫓아오고, 야곱은 외삼촌 라반이 사는 타국 땅 하란으로 도망 길에 나섭니다. 온 가족이 축복 속에서 두둑한 정착비용을 가지고 비행기를 타고 외국으로 이민을 가도 힘든데, 도망자의 신세로 외국으로 피난을 간 야곱의 삶은 그야말로 험악한 인생이었습니다.

얼마나 달렸을까요? 더 달려갈 힘도 없고, 어두워 길도 보이지 않는 어느 빈 들에 이르자 지쳐서 그 자리에 쓰러지듯 눕습니다. 벌러덩 누워 하늘을 보는데, 이마에 흐르는 땀보다, 눈에서 흐르는 눈물이 더 얼굴을 적십니다. 사자의 울음소리도 무섭고, 어딘가 숨어서 잠들기를 기다려 죽일 것만 같은 매복한 형의 군사들도 무섭습니다. 밤이 되면 날씨가 얼음처럼 차가워져서 자다가 얼어 죽을지도 모르는 공포도 있습니다.

그러나 그가 가장 무서웠던 것은 다른 것이었습니다. 바로, 하나님을 떠나왔다는 공포입니다. 하나님이 나와 함께 있지 않다는 공포가 가장 컸습니다. 그의 하나님은 아버지의 하나님이고 그의 하나님이 계시는 곳은 아버지가 살던 브엘세바입니다. 브엘세바도 떠나오고 아버지도 떠나왔으니 야곱은 완전히 하나님을 떠나온 것이고 하나님 없는 하란으로 가는 것이 가장 무서웠던 것입니다. 야곱은 하나님 없이, 하나님 없는 땅, 빈 들에 누웠습니다. 영어로 표현하자면, 'in the middle of nowhere.' 입니다.

그런데 그때 놀랍게도 하나님이 그 빈 들에 나타나십니다. 그리고는 하나님께서 야곱에게 이렇게 말씀하십니다. 15절입니다.

> "내가 너와 함께 있어 네가 어디로 가든지 너를 지키며 너를 이끌어 이 땅으로 돌아오게 하리라 내가 네게 허락한 것을 다 이루기까지 너를 떠나지 아니하리라 하신지라" (창 28:15)

하나님은 야곱을 떠나지 않으셨습니다. 하나님은 야곱과 함께 어제 그 먼 길을 달려오셨습니다. "야곱아, 어제 달려온 길을 내가 너와 함께 달리고 있었다. 야곱아, 내일도 걱정하지 마라. 내가 내일도 너와 함께 달려갈 것이다. 지금 떠나는 고향을 다시는 못 돌아온다고 생각하지 마라. 너를 이끌어 이곳으로 반드시 돌아오게 할 것이다. 그리고 이 모든 일을 다 이루기까지 내가 너를 떠나지 아니하리라." 이 모든 약속의 말씀을 듣고, 야곱은 잠이 깹니다. 그리고는 이렇게 고백하죠.

"야곱이 잠이 깨어 이르되 여호와께서 과연 여기 계시거늘 내가 알지 못하였도다"(창 28:16)

야곱은 그때야 알았습니다. 하나님은 아버지 이삭의 하나님만이 아니라 나의 하나님이시기도 하다는 사실을 알게 된 것입니다. 하나님은 브엘세바에만 계시는 분이 아니라, 내가 가는 곳 어디든지 계시는 분이라는 것을 알았습니다. 야곱은 그 순간 동행의 은혜를 깨달은 것입니다.

사랑하는 여러분, 여러분도 동행의 은혜를 깨달으시기 바랍니다. 하나님께서 여러분이 지금까지 살아온 길을 함께 걸어오시고 낮, 해, 밤, 달 모두로부터 지켜주신 동행의 은혜를 잊지 마시기 바랍니다. 하나님께서 오늘부터 앞으로 살 모든 날 동안, 여러분을 떠나지 않으시고 함께 그 길을 걸으시며 곰과 사자의 입에서 여러분을 보호하시고 지켜주실 것입니다.

하나님께서 여러분을 창세 전에 택하시고 부르시고 자녀 삼아 주실 때, 여러분 속에서 이루고자 하시는 하나님의 뜻이 다 이루기까지 여러분을 영원토록 떠나지 않고 동행하시는 그 은혜를 절대로 잊지 마시기 바랍니다. 그 모든 일을 여러분이 하는 것이 아니고, 여러분 속에서 일하시는 하나님이 하십니다. 그때까지 여러분을 절대로 버리지도 떠나지도 않으신다는 사실을 기억하시고 동행의 은혜를 마음껏 누리시기 바랍니다.

야곱처럼 아버지 이삭의 하나님이 아닌, 나의 하나님을 만나야 합니다. 그리고 나의 하나님과 평생 동행해야 합니다. 어머니의 하나님, 아버지의 하나님을 넘어서 나의 하나님을 만나야 합니다. 아무리 믿음 좋은 어머니, 평생 새벽기도 한 번 안 빠지시는 어머니도 언젠가는 돌아가십니다. 여러분을 위해 새벽에 깨어 기도해 주시지 못할 날이 옵니다. 그때는 어머니의 하나님으로 살 수 없습니다. 나의 하나님을 만나 나의 하나님께 기도하고, 나의 하나님과 동행하며 살아야 하는 것입니다. 그래서 제가 좋아하는 찬양은 시편 18편에 나오는 찬송입니다.

"나의 하나님 나의 하나님 구원의 뿔이시오. 나의 방패 시라…"

나의 하나님을 만나 나의 하나님과 평생 동행하시기 바랍니다.

야곱의 인생은 그야말로 나그넷길이었고, 험악한 세월을 살았습니다. 그러나 어떻게 살았나 하는 것보다 더 중요한 것은 누구와 살았냐가 더 중요합니다. 돌아보면 야곱은 평생 험악한 인생을 살아왔지만, 그날 밤 '나의 하나님'을 만난 이후로 평생 하나님과 함께 인생을 살았습니다. 어디를 갔느냐보다 더 중요한 것은 누구와 갔느냐입니다. 무엇을 했느냐가 중요한 것이 아니라, 누구와 함께 그 일을 했느냐입니다. 어디를 갔느냐가 아니라, 누구와 함께 갔느냐가 야곱에게는 더 중요하고 더 큰 복이었던 것입니다.

하란으로 도망간 것이 중요한 것이 아니라, 그곳에 하나님이 함께 가셨다는 것이 중요합니다. 하란에서 고생하며 살았다는 것보다, 하나님이 함께 해 주셨다는 것이 중요합니다. 함께 하신 하나님이 야곱의 파란만장한 인생에 항상 동행하고 역사해 주셔서, 야곱의 모든 화가 변하여 복이 되게 하시고, 슬픔이 변하여 춤이 되게 하셨으며, 눈물의 베옷을 벗기고 찬송의 옷을 입혀주셨습니다. 야곱과 동행해 주신 하나님이 베풀어주신 동행의 은혜입니다.

저는 야곱의 인생을 가장 잘 표현한 성경 구절이 시편 30:11이라고 생각합니다.

"주께서 나의 슬픔이 변하여 내게 춤이 되게 하시며 나의 베옷을 벗기고 기쁨으로 띠 띠우셨나이다"

파란만장한 21년의 하란 생활은 삼촌 라반에게 속고 산 21년이지만, 그곳을 떠날 때 야곱은 삼촌이 가지지 못한 대표적 6종의 가축과 가족을 얻게 되고, 거부가 되어 고향으로 돌아오게 되었습니다. 평생 마음 속의 짐이었던 형 에서와의 원수 관계를 하나님은 화평의 관계로 회복시켜주셨습니다. 평생 속이는 자라고 하는 부끄러운 야곱의 이름을 하나님은 이스라엘이라고 하는 영광스러운 이름으로 바꾸어 주셨습니다.

눈에 넣어도 아프지 않던 열한 번째 아들 요셉이 죽었다는 소식을 듣고 무덤에 내려가는 사람처럼 절망하고 슬퍼했지만, 하나님은 잃어버린 요셉을 애굽 나라의 총리가 되게 하셔서 그의 눈앞에 나타나게 하셨습니다. 야곱의 슬픔을 변하여 춤이 되게 하신 것입니다. 하나님은 그 날 그 밤에 맺으신 약속을 끝까지 지켜주시는 동행의 은혜를 야곱의 집안에 베풀어주신 것입니다. 그야말로 야곱의 인생을 가장 잘 묘사한 구절이 시편 30:11입니다.

"주께서 나의 슬픔이 변하여 내게 춤이 되게 하시며 나의 베옷을 벗기고 기쁨으로 띠 띠우셨나이다"(시 30:11)

야곱은 죽는 순간도 복된 모습입니다. 열두 아들을 다 불러서 유언하고, 하나하나 축복기도를 해주고 죽는 것도 큰 은혜를 받은 사람만 가능한 것입니다. 죽을 때의 모습도 은혜롭게 죽었습니다. 창세기 49: 33에 그의 죽을 때 모습을 이렇게 기록합니다.

"야곱이 아들에게 명하기를 마치고 그 발을 침상에 모으고 숨을 거두니 그의 백성에게로 돌아갔더라"(창 49:33)

자녀들의 얼굴을 다 보며 일일이 축복해주고 눈을 감는 것도 큰 복이요, 침상에서 힘들어 발버둥 치면서 버티다가 눈을 뜨고 죽지 않고, 단정하게 침상에 누워 머리카락을 가지런히 모으고 평안하게 숨을 거두는 복까지 누렸으니 야곱은 평생 그와 함께하시는 주님이 주시는 은혜를 다 누리고 주님 곁으로 간 사람입니다. 이런 야곱의 인생을 한 문장으로 표현해본다면, 동행의 은혜입니다.

지금 여러분이 처한 상황을 보면서 좌절하지 마시기 바랍니다. 하나님이 여러분 곁에 계십니다. 요즘 어떤 형편에서 어떻게 사느냐보다 훨씬 더 중요한 것은 그런 상황 가운데에도 하나님이 여러분과 함께 계시느냐가 더 중요합니다. 상황보다 동행입니다. 처량하게 고통의 땅 하란을 향해 달려가는 인생이라도 그 길을 하나님이 함께 달리고 있다면 그 땅에서도 기적이 일어나고 슬픔이 변하여 춤이 되게 하실 것입니다.

그래서 어디를 가느냐보다 더 중요한 것은 누구와 함께 가느냐입니다. 구름이 바람 없이 흘러갈 수 없듯이, 우리 인생도 하나님 없이 살아갈 수 없습니다.

저도 1998년 5월 21일, 김포공항에서 비행기를 타고 결혼한 지 3주밖에 되지 않은 아내를 옆자리에 앉히고 유학길에 올랐습니다. 제 쪽으로 미국에 일가친척 한 명도 없고, 아내 쪽으로도 일가친척 한 명도 없는 생면부지의 땅을 향해 갔습니다. 제 아내는 3주밖에 되지 않았어도 남편은 남편인지라 하나도 겁이 안 나는 표정을 했지만, 처음으로 가는 미국 로스앤젤레스 공항 상공에서 착륙 준비를 하며 아래를 내려다보니 눈앞이 깜깜했습니다. "아…. 여기서 어떻게 살아남아야 하나…." 하는 마음으로 학교에 도착하니, 미국교회에서 국제학생들을 돕는 팀이 나와서 이것저것 도와주는데, 어떤 분이 저에게 이런 질문을 합니다.

"Do you know anybody here?" (여기 미국에 한국에서부터 알던 사람이 있습니까?)

그때 제가 뭐라고 했을까요?
"ONLY GOD"이라고 했습니다. 한국에서부터 알았던 사람은 오직 하나님밖에 없다고 하니까 그분들이 막 웃었습니다.

저희 부부가 미국 갈 때, 한국에서 미국까지 따라서 오신 분은 하나님 한 분밖에 없었습니다. 홀로 되신 어머님도 공항에서 펑펑 우셨지만, 비행기를 타고 따라오시지 못했습니다. 공항에서도, 비행기 안에서도, 학교 부부기숙사에서도 늘 함께 해 주신 분은 오직 하나님이셨습니다. 한국에서도 알고 지냈던 하나님이 미국에도 함께 계신다는 사실이 얼마나 위로가 되고 힘이 되었는지 모릅니다. 동행하신 하나님께서 저의 21년 미국 생활에 말할 수 없는 큰 복을 내려주셨습니다. 여러분도 이 동행의 은혜를 받으시길 축원합니다.

인생이란 참으로 신비합니다. 험악한 세월을 살았다고 해서 불행한 것도 아니고 평탄한 세월을 살았다고 해서 다 행복한 것도 아니더라는 것입니다. 그럼 누가 가장 행복한 인생을 사는 것인가? 하나님과 함께하는 인생이 가장 행복한 인생입니다.

비행기 일등석 타는 인생이라고 다 행복한 것도 아니고, 3등석에, 그것도 배를 타고 가는 인생이라고 다 불행한 것도 아닙니다. 그럼 어떤 것을 타고 가는 인생이 가장 행복하냐고요? 사랑하는 사람과 함께 타고 가는 것이 가장 빠르고, 가장 편하고 가장 행복한 인생입니다.

여러분, 인생길을 혼자 걸어가지 않고 하나님이 함께 걸어가신다는 것이 얼마나 큰 은혜인 줄 아십니까? 어릴 적 시골에 살 때, 앞 동네에 이모님이 살고 있었습니다. 가끔 이모님이 밤에 우리 집에 놀러 오시는데, 작은 산을 하나 넘어서 와야 합니다. 그러면 혼자 오면 되는데, 꼭 한두 살밖에 되지 않은 아들을 등에 업고 옵니다. 아직도 기억에 남는 것이 저희 어머니가 "아, 재우고 오지, 와 잠깨구로 업고 오노." 그러면 하시는 말씀이 "언니야, 밤길에 이거 하나 업고 오면 든든하다."

여러분, 밤에 산을 넘을 때 한 살짜리 아이 하나만 등에 업고 같이 걸어도 든든하다면, 인생의 밤길을 걸어갈 때, 하나님이 우리와 함께하신다면 뭐가 무섭고 두렵겠습니까. 여러분, 평생 주님과 동행하면서 걸어가시기 바랍니다. 밤길에는 지팡이 하나만 있어도 덜 무섭습니다. 지난 주에도 집사람과 산 기도하러 가는데 돌들이 얼마나 많은지 모릅니다. 나뭇가지 하나를 주워서 손에 쥐여 주고 짚고 올라가라고 하니, 그거 하나 짚고 올라가는데도 올라가는 내내, "야, 편하다. 편하다. 있는 거랑 없는 거랑 이렇게 차이가 나요. 야, 편하다."

어두운 밤길에 지팡이 하나만 들고 있어도 밤길이 안전한데 하물며 인생길을 걸어가는데 주님이 친히 나의 지팡이와 막대기가 되어주신다면 내일 일도 알지 못하는 밤길 같은 인생이라고 할지라도 내일이 왜 두렵겠습니까. 인생의 수많은 밤길과 깊은 골짜기를 헤매고 다녔던 다윗도 똑같은 고백을 하지 않습니까.

"내가 사망의 음침한 골짜기로 다닐지라도 해를 두려워하지 않을 것은 주께서 나와 함께 하심이라 주의 지팡이와 막대기가 나를 안위하시나이다"(시23:4)

언젠가 힘들 때 문득 바라본 벽에 걸려있는 액자에 이런 내용이 있었습니다. 제가 너무 큰 힘을 얻은 글을 발견하고 적어 놓았습니다.

God never sends you alone.
하나님은 너를 혼자 보내지 않으신다.
God goes before you.
하나님은 네 앞에 가신다.
God stands beside you.
하나님은 네 옆에 서 계신다.
God walks behind you.
하나님은 네 뒤에 걷고 계신다.
Whatever situation you have right now, God is with you.

네가 지금 어떤 상황에 있을지라도, 하나님은 너와 함께 계신다.

이것이 동행해 주시는 주님의 은혜입니다. 다윗이 인생의 광야 길에서도 믿음을 잃지 않고 길을 완주할 수 있었던 이유가 무엇일까요? 그는 완주자의 노래를 이렇게 부르고 있습니다.

"내가 여호와를 항상 내 앞에 모심이여 그가 나의 오른쪽에 계시므로 내가 흔들리지 아니하리로다. 주께서 생명의 길을 내게 보이시리니 주의 앞에는 충만한 기쁨이 있고 주의 오른쪽에는 영원한 즐거움이 있나이다"(시 16:8, 11)

주께서 다윗 앞에 가시고, 오른편에 계시고, 뒤에 계시고, 왼편에서 동행해 주셨던 것입니다. 여러분, 깜깜한 어둠 속에서 두려움이 찾아올 때, 주님! 하고 부르십시오. 주님이 어둠 속에서 말씀하실 것입니다.

"나, 여기 있다."

우리가 어둠 속을 걸을 때 기억해야 할 것은 그 어둠 속을 주님이 함께 걷고 있다는 사실입니다. 주님이 함께 걸어가 주시는 인생길에서는, 어두움은 더는 어두움일 수 없습니다. 주님이 함께 걸어가 주시는 인생에서의 실패는 더는 실패일 수 없습니다. 모든 것을 다 가져도 주님이 없는 인생이 가장 불쌍한 인생이고, 가진 것이 적어도 주님과 동행하는 인생이 가장 복된 인생임을 늘 기억하고 평생 동행의 은혜를 누리시길 축원합니다.

People under Grace

은혜 입은 사람들 시리즈

05
내리막길에 임한 은혜, 요셉

창세기 39:1-6

요셉이 이끌려 애굽에 내려가매 바로의 신하 친위대장 애굽 사람
보디발이 그를 그리로 데려간 이스마엘 사람의 손에서 요셉을 사니라
여호와께서 요셉과 함께 하시므로 그가 형통한 자가
되어 그의 주인 애굽 사람의 집에 있으니
그의 주인이 여호와께서 그와 함께 하심을 보며 또
여호와께서 그의 범사에 형통하게 하심을 보았더라
요셉이 그의 주인에게 은혜를 입어 섬기매 그가 요셉을 가정
총무로 삼고 자기의 소유를 다 그의 손에 위탁하니
그가 요셉에게 자기의 집과 그의 모든 소유물을 주관하게 한 때부터
여호와께서 요셉을 위하여 그 애굽 사람의 집에 복을 내리시므로
여호와의 복이 그의 집과 밭에 있는 모든 소유에 미친지라
주인이 그의 소유를 다 요셉의 손에 위탁하고 자기가 먹는 음식 외에는
간섭하지 아니하였더라 요셉은 용모가 빼어나고 아름다웠더라

People under Grace

성경에서 요셉을 형통한 사람이라고 말합니다. 2절에 "……그가 형통한 자가 되어…" 라고 기록하고 있고, 3절에도 "……그의 범사에 형통하게 하심을 보았더라."라고 기록돼 있습니다. 그런데 아무리 보아도 요셉의 삶은 형통하다고 표현하기 힘든 삶을 살았습니다. 형들에게 노예로 팔려가는 인신매매를 당했고, 타국에 노예로 팔려가 남의 집 종살이를 했고, 노예가 되어 살다가 누명을 쓰고 감옥에 들어갔고…. 이런 요셉의 삶이 어떻게 '형통'이라는 단어와 어울릴 수 있겠습니까.

도대체 뭘 보고 요셉을 형통한 자라고 말하는 것일까요? 성경이 말하는 형통은 다른 개념입니다. 성경이 말하는 가장 위대한 형통은 하나님이 함께하시는 삶을 사는 것, 그것이 가장 큰 형통입니다. 2절과 3절에 공통으로 나오는 단어가 "여호와께서 요셉과 함께하심으로" 입니다. 인간이 누릴 수 있는 가장 큰 형통은 하나님이 함께 해 주시는 삶입니다.

솔로몬과 같은 부귀영화를 누려도 하나님이 떠나면 그 사람은 형통하지 못한 사람이고, 요셉 같은 삶을 살아도 하나님이 모든 삶에 함께하셨다면 형통한 사람이 되는 것입니다.

저는 오늘 여러분과 함께 요셉에게 임한 은혜를 세 가지로 살펴보려고 합니다. 요셉과 비슷한 처지에 있다고 생각하시는 분들은 요셉이 받은 은혜를 다 받으시길 축원합니다.

첫째, 내리막길에 임한 은혜입니다.

요셉의 인생을 내리막길, 평탄한 길, 오르막길로 표현한다면, 가장 많은 길은 '내리막길'이었습니다. '쉬운 길'이라는 뜻이 아니라, 인생이 점점 더 밑으로 내려가는 실패와 좌절과 고난의 길이라는 뜻입니다.

평탄한 길도 아버지 비호 아래 채색옷을 입고 살던 어린 시절뿐입니다. 그의 나이 17세 때부터 시작된 내리막길은 거친 내리막길이었습니다. 그는 형제 중에 가장 사랑받는 아들에서 갑자기 구덩이로 내려갑니다. 첫 번째 내리막길입니다. 안방에서 구덩이로 내려가는 내리막길.

우리 중에 형제들에게 버림을 받고 구덩이에 버려진 것 같은 내리막길을 경험한 분이 계십니까? 요셉을 보고 위로받으시기 바랍니다. 형들에게 버림을 받고 구덩이에서 형들의 이름을 하나하나 부르면서 울며불며 살려달라고 간절히 애원했지만, 형들은 요셉을 구덩이에 버렸습니다. 이 순간 요셉에게는 구덩이로 내려가는 물리적 내리막길보다 함께 형제들에게 버림받은 마음속의 내리막길이 더 아프고 무서운 내리막길이었을 것입니다.

불행중 다행이라고 해야 할지 마침 그곳을 지나가는 사람들이 있었습니다. 길르앗에서 물품을 가지고 애굽으로 팔러 가는 미디안 상인들이었습니다. 형들은 그들에게 은 이십을 받고 요셉을 팔아버립니다. 요셉은 두 번째 내리막길, 애굽으로 내려가는 내리막길에 오르게 됩니다. 요셉은 인신매매를 당한 것입니다. 이 설교를 듣는 분 중에 비슷한 경험으로 인해 아직도 상처가 치유되지 않으신 분들에게 위로가 있기를 바랍니다.

요셉은 그렇게 애굽으로 팔려 내려갔습니다. 그리고 상인이 은 이십에 산 노예를 몇 배를 더 받고 팔았는지 몰라도, 바로 임금의 친위대장 보디발의 집에 팔렸습니다.

"요셉이 이끌려 애굽에 내려가매 바로의 신하 친위대장 애굽 사람 보디발이 그를 그리로 데려간 이스마엘 사람의 손에서 요셉을 사니라"(창 39:1)

이끌려 내려갔다고 했으니, 그 먼 길을 미디안 상인의 낙타에 올라타고 간 것은 아닌 듯 보입니다. 노예가 되어 손이 묶여 걸어서 끌려 갔겠지요. 요셉의 내리막길은 여기서 끝나지 않습니다. 종이 되어 살면서 하나님께서 그와 함께하심으로 형통한 자가 되었고, 천성이 부지런하고 책임감이 강하다 보니 얼마 되지 않아 인정을 받고 노예 중에서 가장 좋은 자리인 집안 살림을 관장하는 자리로 승진하였지만 다시 그를 기다리는 새로운 내리막길이 있었습니다. 보디발의 아내의 유혹에 넘어가지 않은 괘씸죄로 말미암아 이제는 노예가 아닌 죄수의 몸이 되어 감옥으로 내려가게 되었습니다. 그는 하루아침에 아무 잘못도 없이 억울하게 중범죄자들이 갇히는 감옥에 들어가는 최고로 가파른 내리막길을 미끄러지듯 내려갔습니다. 이것이 요셉이 경험한 내리막길 인생입니다. 구덩이로 내려가고, 애굽으로 팔려 내려가고, 종으로 팔려 신분이 내려가고, 누명을 쓰고 감옥으로 내려가는 말도 안 되는 내리막길 인생입니다.

그러나 이런 요셉의 삶 가운데서 결정적인 한 가지는 이 모든 길에 하나님이 동행해 주셨다는 것입니다. 하나님이 그의 내리막길에 함께 하셨고, 그 내리막길 인생도 버리지 않으시고 은혜를 베풀어주셨다는 사실입니다. 하나님이 함께 내려가시는 내리막길은 형통의 은혜입니다.

보통 사람들은 곁에서 지켜보다가 인생이 꼬이고, 내리막길이 슬슬 시작될 조짐이 보이면 당장에 그 사람과 거리를 두고, 전화번호 차단하고, 멀리서 보면 돌아서 못 본 척 피해 가는데 하나님은 오히려 내리막길 인생에게 더 가까이 다가오셔서 함께 하시는 분이십니다. 이것이 바로 내리막길에서 만나는 은혜입니다.

요셉의 내리막길은 총리가 되기 위해 반드시 가야 할 길이었습니다. 감옥까지 내려가는 그 내리막길에 그를 총리가 되게 하는 결정적인 역할을 감당할 술 맡은 관원장이 있었기 때문이었습니다. 그런 차원에서 요셉의 내리막길은 총리가 되기 위해 술 맡은 관원장을 만나러 가는 길이었습니다.

저는 목회 중에 많은 내리막길 인생들을 많이 만났습니다. 큰 꿈을 가지고 이민을 와서 성공한 분들도 있지만, 한국에서 실패하고 아메리칸 드림을 가지고 오는 분들이 더 많습니다. 다른 주에 왔다가 실패하고 마지막으로 텍사스의 댈러스로 오는 분들도 많습니다. 그래서 텍사스 드림이라는 말이 생겼습니다. 그런데 그 마지막 기회마저 놓치고 모든 돈을 잃고 신분을 잃어버리고 불법체류자가 되어 무엇을 하며 살아야 할지 모르는 이방 나라의 나그네들을 많이 부여잡고 목회를 했습니다.

놀라운 것은 가장 밑바닥 내리막길에서 하나같이 다 하나님을 뜨겁게 만납니다. 더 내려갈 곳 없는 마지막 내리막길에서 하나님을 만나는 것입니다.

처음 몇 날 며칠은 짐승처럼 통곡하면서 웁니다. 그리고는 마침내 한 맺힌 눈물은 몇 날이 못 되어 은혜의 눈물로 바뀌고, 한 달을 그렇게 울고 나면 찬송의 눈물로 바뀌는 것을 보게 됩니다. 그리고는 교회를 친정집이라고 생각하고 충성을 다하는 훌륭한 일꾼들이 됩니다. 내리막길에서 만난 은혜는 이토록 놀랍습니다. 죽을 사람도 살리고, 자살할 사람도 살리고, 인생을 포기한 사람을 다시 살려서 숨 쉬고 살게 하고, 날개를 달아줍니다.

어떤 분들은 살아온 날들이 아쉽고 안타까워 저에게 "내 손에 많이 있을 때 찾아주셨으면 많이 드릴 텐데, 왜 하나님은 손에 아무것도 남지 않았을 때 찾아오셔서 이렇게 제 마음을 미안하게 만드시냐"고 하는 분들이 있습니다. 그러면 제가 이야기해줍니다.

"물론 우리가 이해하기 쉽게 주님이 찾아오셨다는 표현을 쓰기도 하지만, 엄밀히 말하자면, 하나님이 성도님을 찾아오신 것이 아니라 떠나지 않으신 것입니다. 주변에 사람이 많고 손에 가진 것이 많을 때는 그것 때문에 옆에 계신 주님이 보이지 않다가 다 떠났는데도 주님은 떠나지 않고 옆에 그대로 계시니 그제서야 주님이 보인 것입니다. 우리 눈에는 그제서야 날 찾아오신 것처럼 보이지만 실상 주님은 한 번도 성도님을 떠나신 적이 없습니다."

그 말을 들으면, 또 웁니다. "남들은 다 나를 버리는데, 우리 주님은 이런 나를 떠나지 않으신 것이군요. 나를 찾아오신 것이 아니라, 나를 떠나지 않으신 것이군요." 이것이 내리막길에서 만난 은혜입니다. 내리막길에서 주님을 만난 사람들의 간증입니다. 혹시 우리 중에 내리막길을 걷고 있는 분이 있다면, 엠마오 마을로 내려가던 실의에 빠진 두 제자가 예수님을 만나고 가슴이 불같이 뜨거워졌던 것처럼 내리막길에서만 만날 수 있는 뜨거운 은혜를 체험하시기 바랍니다.

둘째, 찢긴 옷에 임한 은혜입니다.

요셉의 인생을 옷의 관점에서 보면 참 재미가 있습니다. 요셉은 옷이 세 번 강제로 벗겨집니다. 첫 번째는 채색옷입니다. 두 번째는 노예 옷입니다. 세 번째는 죄수 옷입니다. 달리 말하면 세 번 옷을 갈아입습니다. 아버지가 입혀준 제일 존귀한 채색옷이 벗겨지고 노예로 팔려가면서 노예 옷으로 갈아입습니다. 그러다가 주인 보디발의 아내의 유혹을 거절한 대가로 누명을 써서 성폭행 미수로 감옥에 가게 되어 노예 옷을 벗고 죄수 옷을 입게 됩니다. 그리고 그곳에서 살다가, 바로 임금의 부름을 받고, 죄수 옷을 벗어 버리고, 애굽을 다스리는 총리가 입는 세마포 옷을 입게 됩니다. 채색옷에서 노예 옷으로, 노예 옷에서 죄수 옷으로 점점 내리막길입니다. 그런데 죄수 옷에서 세마포 옷으로 바꾸어 입는 반전이 일어납니다. 이것이 요셉에게 일어난 벗겨진 옷에 임한 은혜입니다.

사람이 어떤 신분이냐를 가장 잘 보여주는 것이 옷입니다. 어떤 옷을 입느냐에 따라서 신분과 성공을 가늠할 수 있습니다. 그래서 한국말 중에 무서운 말이 있죠. "너, 옷 벗고 싶어?"

입은 옷을 벗지 않기 위해 몸부림치는 것이 인생입니다. 살면서 더 나은 옷을 갈아입기 위해 밤을 새우며 노력하는 것이 인생입니다. 어떤 이는 법관의 옷을 입기 위해 법대를 들어가려고 인생을 바치거나, 머리를 깎고 산으로 들어가 사법고시를 준비하면서 젊은 날을 다 바칩니다. 어떤 이는 의사복을 입기 위해 의대를 입학하고, 어떤 이는 박사 가운을 입고 교수가 되기 위해 유학길에 오릅니다.

어떤 일을 하느냐를 옷으로 부르기도 합니다. 화이트칼라냐 블루칼라냐로 직업의 귀천을 구분 짓기도 합니다.

요셉의 인생은 채색옷이라는 화려한 옷으로 시작했습니다. 그러나 그 옷은 찢겨 나가고 결국에는 입고 살아야 할 옷이 노예들이 입는 종의 옷이었습니다. 그러나 그것도 요셉에게는 분에 넘쳤

던지 얼마 가지 않아 그 옷이 또 벗겨지고 인생의 막장에서 입는 죄수복으로 갈아입는 인생이 되었습니다. 이름도 없어지고 번호로 평생 불리며 살아야 하는 것이 죄수 옷 인생입니다. 그러나 그 부끄러운 죄수 옷 입은 인생에도 임하는 것이 하나님의 은혜입니다.

이것이 벗겨지고 찢긴 옷에 임하는 하나님의 은혜입니다. 요즈음 여러분은 어떤 옷을 입고 사십니까? 입고 있는 옷이 마음에 드십니까? 마음에 드는 분도 있고, 마음에 들지 않은 분도 있을 것입니다. 내가 이런 옷이나 입고 살 줄 상상도 못 해서 거울 속에 비친 자신의 초라한 모습을 보고 힘들어하는 분들도 있을 것입니다. 한 벌 두 벌 사두었던 그 비싼 옷들은 입어보지도 못하고 옷장에 넣어두고선, 몇 년째 병상에서 환자복을 입고 있는 분들도 있습니다. 밤을 새우고 공부를 했지만 자기의 전공과는 아무런 상관도 없는 전혀 다른 유니폼을 입고 출근하는 분들도 있습니다. 빨리 직장을 잡고 싶은데 취준생의 옷을 몇 년째 입고 있는 사람도 있고, 빨리 땀내 나고 쾌쾌한 취준생의 옷을 벗어버리고 싶지만 벗어지지 않고 몇 년째 입고 살아가는 사람도 있습니다. 대학을 빨리 들어가서 공부하고 사각모에 가운을 입고 싶은데 아직도 재수, 삼수생의 옷을 입고 사는 청년들도 있습니다.

억울하게 누명을 쓰고 죄수복을 입고 있는 분들도 있고, 사랑하는 사람을 먼저 보내고 슬픔의 베옷을 입고 있는 분들도 있습니다. 이런 상상하지도 못했던 저마다의 옷을 입고 살아가는 인생에 하나님은 찾아오십니다. 찢긴 죄수복을 입고 살아가는 요셉에게 하나님은 찾아오셨습니다. 엄밀히 말하면 찾아오신 것이 아니라 미리 와 계셨습니다. 시편 기자의 139편 고백에 의하면 자기가 바다 끝까지 날개짓하고 가보았더니, 하나님이 이미 거기 와 계시더라고 고백하는 것처럼 아무리 초라한 옷을 입고 서 있는 그곳이라고 할지라도 하나님은 미리 그곳에 오셔서 그 사람을 기다리고 있습니다. 그러니 찾아오신다는 표현보다 기다리셨다는 표현이 더 정확하실 것입니다. 미리 오셔서 기다리셨다고 하든지, 찾아오셨다고 표현하든지 간에, 하나님은 죄수복을 입고 감옥에 갇힌 요셉에게 은혜의 햇살을 비추셨습니다. 또한, 하나님은 죄수복을 입은 요셉을 면회오실 때, 빈 손으로 오시지 않으셨습니다. 준비한 옷을 가지고 오셨습니다. 바로, 총리가 입을 세마포 옷이었습니다. 감옥에까지 찾아오신 하나님은 요셉이 갈아입을 총리의 옷, 세마포 옷을 가지고 찾아오셨습니다. 그리고 그 옷으로 갈아입혀 주셨습니다. 이것이 찢긴 옷에 임한 은혜입니다. 지금 여러분이 어떤 옷을 입고 살아가고 있는지 몰라도 하나님의 은혜는 그 곳까지 찾아오실 것입니다.

 환자복을 입은 성도가 병든 육신도 포기하지 않으시고 침상까지 찾아와 은혜를 주시는 주님을 만나고 병실에서 한없이 울고 있습니다. 더욱 놀라운 것은 바로 그 순간부터 치료와 회복이 일어나기 시작하는 것입니다. 하나님이 환자복 입은 사람을 찾아오실 때는 단지 과일 한 바구니에 꽃 한 다발을 들고 오시는 것이 아니라, 입고 나갈 평상복을 가지고 찾아오시는 것입니다. 마치 감옥에 있는 요셉을 찾아오신 하나님이 세마포 옷을 가지고 찾아오신 것처럼 말입니다. 오늘 우리 하나님께서 여러분의 슬픔과 아픔의 옷을 벗기시고 기쁨과 회복의 옷을 입히시는 은혜가 임하시길 축원합니다.

셋째, 버려진 자에게 임한 은혜입니다.

여러분은 누군가에게 버림을 당한 적이 있습니까? 요셉은 버려진 자였습니다. 요셉은 모두 네 번을 크게 버려집니다. 형들에게 버려지고, 미디안 상인들에게 버려지고, 보디발 주인에게 버려지고, 술 맡은 관원장에게 버려집니다. 요셉의 삶은 항상 버려짐의 연속이었습니다. 그런데 이렇게 버려짐의 연속인 요셉의 인생을 성경은 희한하게도 형통한 인생이라고 표현하고 있습니다. 1~3절을 다시 읽어봅시다.

"요셉이 이끌려 애굽에 내려가매 바로의 신하 친위대장 애굽 사람 보디발이 그를 그리로 데려간 이스마엘 사람의 손에서 요셉을 사니라 여호와께서 요셉과 함께 하시므로 그가 형통한 자가 되어 그의 주인 애굽 사람의 집에 있으니 그의 주인이 여호와께서 그와 함께 하심을 보며 또 여호와께서 그의 범사에 형통하게 하심을 보았더라"(창 39:1-3)

형들에게 버려져, 보디발의 집에 종으로 팔려갔는데 성경은 이를 형통한 자라고 표현하고 있습니다. 왜 이런 표현을 쓰고 있는 것일까요? 하나님이 그와 함께 있었기 때문입니다. 2~3절에 공통으로 나오는 반복 구절이 "여호와께서 요셉과 함께 하심으로…" 입니다. 지난주 야곱의 이야기에서도 말씀드렸죠? 형통은 어떤 상황을 만났느냐가 아니라, 그 상황에 여호와께서 함께하시는 것을 말하는 것입니다. 요셉은 아래로 아래로 내려갔고, 버려지고 또 버려지는 삶을 반복했지만, 하나님이 그와 함께하셨기 때문에, 그 과정은 결국 바로 임금 앞에 서기 위한 인도하심이었던 것입니다.

그가 총리로 세워지기 위해서는 애굽으로 내려가야 했고, 애굽으로 내려가려니 형들이 그를 팔아야 했고, 바로 앞에 서야 하니 장군이었던 보디발의 집으로 팔려가게 했고. 바로와 가장 가까운 사람 곁으로 가야 했기 때문에, 가장 가까운 사람이었던 술 맡은 관원장이 갇혀있던 감옥에 갇히게 된 것입니다.

제가 시(詩)가 된 인생 시리즈 시편 설교를 할 때 이런 표현을 썼습니다. "버려진 인생이냐 보냄 받은 인생이냐" 요셉을 세상의 눈으로 볼 때는 버려진 인생이지만, 하나님의 눈으로 볼 때는 보냄 받은 인생입니다. 세상 사람은 요셉이 애굽으로 버려졌다고 해석하지만, 하나님의 눈으로 보면 버려진 것이 아니라 보냄 받은 것입니다. 하나님께서 요셉을 애굽의 총리고 삼기 위해 그곳으로 보내신 것입니다. 우리 성도들도 버려진 성도는 없습니다. 모두 그곳으로 보냄을 받은 것입니다. 여러분을 향한 하나님의 뜻은 오늘도 이루어지고 있는 것입니다. 성경이 말하는 '형통'은 세상에서 쓰는 말처럼 출세하여 부자가 되는 것을 말하는 것이 아니라, 여러분을 향한 하나님의 계획이 온전히 이루어지는 것을 말합니다.

제가 아끼는 후배 목사님이 있습니다. 남미에서 자라 버클리대학에 입학했습니다. 그리고 스탠퍼드 대학원에서 공부했습니다. 그러다가 소명을 받고 제가 공부한 사우스웨스턴 신학교에 입학했습니다. 전도유망한 사역자입니다. 그런데 신학교를 다니던 20대 나이에 순식간에 몸이 마비되고 심장까지 마비가 되어 죽게 되는 무서운 급성 루게릭병에 걸렸습니다. 한국으로 와서 입원을 했습니다. 갑자기 온몸이 마비되면서 죽게 된다는 소리에 세상이 무너지지 않았겠습니까?

어릴 적에 남미에서 자라고 미국에서 공부하던 분이 생소한 한국의 한 병동에 버림을 받았습니다. 그리고 아무 손도 쓸 수 없어 죽음을 기다립니다. 의사조차도 신이 있다면 신 밖에는 이 병을 고칠 수 없다는 말을 한 상태입니다. 그러나 이분은 버려진 그 순간을 버림받은 자처럼 살지 않았습니다. 보냄 받은 자의 삶을 살기로 작정합니다. 그리고 병동을 다 다니면서 보이는 사람마다 복음을 전합니다. 남은 짧은 시간을 병원에 버림받은 자가 아닌 보냄 받은 자로 사는 삶을 산 것입니다.

그런데 놀랍게도 보냄 받은 자의 삶을 하나님께서 기뻐하셨는지 급성 루게릭병의 진도가 멈추었습니다. 여기서 그치지 않고 놀랍게 불치의 병이 사라졌습니다. 제 기억이 맞는다면 신이 있다면 신 밖에는 이 병을 고칠 수 있다고 했던 그 의사가 이런 고백을 합니다. "신이 고치셨군요." 그리고 다시 댈러스로 돌아와 신학교를 마치고 지금은 캘리포니아에 있는 큰 교회에 부임해서 담임목회를 얼마나 멋지게 하고 있는지 모릅니다.

하나님은 요셉을 버리신 적이 없습니다. 형들이 구덩이에 버릴 때도 하나님은 그를 버리지 않으셨습니다. 애굽으로 버려질 때도 하나님은 그를 버리지 않으셨습니다. 감옥으로 버려질 때도 하나님은 그를 버리지 않으셨습니다. 하나님은 항상 그를 버리지 않고 보내셨습니다. 바로 앞에 설 때까지 하나님은 그를 치밀하게 보내셨습니다. 사랑하는 여러분, 하나님은 아무도 버리지 않으십니다.

어떤 상황을 만나도 여러분을 향한 하나님의 뜻과 계획은 이루어질 것입니다.

최근에 나온 책에 이런 내용이 있더군요. "종이를 구긴다고 종이에 적힌 내용이 구겨지는 것은 아니다." 사람들은 종이 구기듯이 그의 인생을 구겼지만, 요셉이라는 인생에 써 내려가는 하나님의 이야기는 구겨진 적이 없었던 것입니다.

오늘 내리막길에 임하는 은혜를 받으시기 바랍니다. 찢긴 옷에 임하는 은혜를 받으시기 바랍니다. 버려진 인생이 보냄 받은 인생으로 변화되는 은혜를 받으시기 바랍니다. 구겨진 종이 같은 인생이라고 내용까지도 구겨지는 것이 아님을 알고 하나님이 여러분의 삶에 써 내려가는 멋진 이야기가 계속되고 있음을 기억하시기 바랍니다.

People under Grace

은혜 입은 사람들 시리즈

06
지팡이에 임한 은혜, 모세

출애굽기 4:2, 17

여호와께서 그에게 이르시되 네 손에 있는 것이 무엇이냐
그가 이르되 지팡이니이다
너는 이 지팡이를 손에 잡고 이것으로 이적을 행할지니라

People under Grace

오늘 설교는 지난주에 제가 만났던 한 어르신의 이야기로 시작할까 합니다. 대화를 나누는 내내 마음이 안타까워서 잊히지 않는 분입니다. 이분은 나이가 80이 되었는데 집 한 칸을 마련하지 못해서 대부분을 노숙하는 분이었습니다. 그리고 아직도 남의 가게에서 일하고 있었습니다. 모아둔 재산이 없어 남의 밑에서 아직도 일하는 것이라고 했습니다. 그래도 지금까지 모아둔 재산이 어느 정도는 있으실 것 아니냐고 물어보니, 옆에 세워둔 지팡이를 가리키면서 저게 전부라고 했습니다. 왜 이렇게 힘들게 사시게 되었냐고 물어보니, 본인도 그 이유를 모르겠답니다. 80 평생 하루도 쉬는 날 없이 눈썹이 휘날리도록 살아왔는데도 남은 게 이 지팡이 하나밖에 없다고 말합니다. 대인 관계도 썩 좋지 않았던지 사람을 상대하는 일은 하지 못하고 혼자서 일하는 직업으로 살아왔습니다. 그래서 그런지 사람과 말하는 솜씨가 시원치 않아 몇 번이고 다시 대답을 되물어야 했습니다.

　그러다가 허리춤에서 젊은 시절에 찍었다던 사진을 꺼내서 보여주었습니다. 사진을 보고 깜짝 놀랐습니다. 너무 말쑥하게 생기고, 옷도 지금과는 비교도 안 되게 멋지고, 눈빛도 힘이 있고 야심 찬 얼굴이었습니다. 젊을 때는 누구보다도 잘 나가고 꿈도 컸다는 말씀도 하셨습니다. 그 사진을 보고 빙긋 웃더니, 이제는 다 부질없다는 표정으로 다시 그 사진을 주머니에 넣었습니다. 젊은 날 야심찬 꿈도 꿔보았지만, 그 꿈 때문에 한 번 크게 실패를 하고 난 뒤 도망 다니는 신세가 되어서 안 다녀 본 곳이 없이 떠돌다가 이곳까지 왔다고 합니다. 그래서 그런지 자꾸 쫓기는 사람처럼 이리저리 두리번거리기를 반복했습니다. 가야 한다며 일어서는 그의 몸에는 고생한 흔적이 가득 베어 있었습니다. 제가 80이 되었을 때 저 어르신의 모습이라면 어떨까 생각하니 갑자기 몸에 힘이 쭉 빠지는 것 같았습니다. 혹시 필요하실 때 도움을 드릴 수도 있으니 이름이라도 알려달라고 했더니, 처음에는 이름도 없다고 하시더니, 자꾸 제가 재촉을 하고 물어보니, 이름을 가르쳐 주셨는데, 이름을 듣고 제가 깜짝 놀랐습니다. 제가 너무도 잘 아는 분이었습니다. 더 놀라운 건 여러분도 그분을 잘 안다는 사실입니다. 개인 신상이라서 그분의 이름을 여러분에게 밝힐까 말까 고민을 했습니다. 그래서 그분께 물었습니다. 죄송하지만, 우리 성도들에게 이름을 밝혀도 되겠냐고 물었더니 얼마든지 밝히라고 해서 밝힙니다. 지금 밝히겠습니다. 그분의 이름은 "모세"입니다.

제가 그 위대한 지도자 모세를 오늘날 우리의 이야기로 바꾸어 본 것입니다. 모세가 80이 될 때 모습이 바로 제가 묘사한 노인의 모습이었습니다. 모세는 어릴 적 히브리인이면서도 애굽 공주의 아기로 입양되어 이집트 왕자로 자랐습니다. 역사에 기반해 쓴 소설 『람세스』에 보면 모세는 이집트 왕자 중에 가장 탁월한 왕자였습니다. 전쟁에 나가 승리를 이끄는 지도자였고 지혜와 명철이 뛰어나 장차 바로까지도 될 수 있는 인물이었습니다.

이렇게 꿈도 야심도 많았던 그의 나이 40세가 되던 해에, 그만 살인을 저지르고 맙니다. 그것도 애굽 사람을 죽였습니다. 완전범죄인 줄 알았는데 알려지게 됩니다. 아무리 왕자로 컸지만, 히브리인이었던 그가 애굽인을 죽인 것은 용납할 수 없는 '쿠데타'와 같은 사건이었습니다. 이 사실이 바로의 귀에 들어가게 되면 어떻게 될지 누구보다 모세가 잘 알았기 때문에 뒤도 안 돌아보고 광야로 도망가게 됩니다.

애굽의 왕자들은 모세가 다시는 애굽으로 못 돌아오도록 현상금을 걸고 지명수배를 했을 것입니다. 현상금을 걸기만 하면, 세상의 모든 사람을 모세 잡는 형사로 만들 수 있습니다. 모세는 아마 지명수배자가 되어 광야를 떠돌아다녔을 것입니다. 누구를 만나도 그 사람이 자기를 고소할 수 있고 죽일 수 있다는 공포 속에서 광야를 도망 다녔습니다. 광야에서 양을 치는 '이드로'라는 사람을 만나고 그의 사위가 됩니다. 말이 사위이지, 노예처럼 일을 하게 됩니다. 그는 젊은 날을 장인의 양을 치는 목동이 되어 온 광야를 헤매고 다니는 야인으로 살아가게 됩니다.

나이 40에 시작한 광야 생활이 장장 40년 동안 이어지고, 마침내 80세의 노인이 되고 맙니다. 꿈도 허물어지고, 80이 되도록 자기 양도 없이 남의 양을 치는 사람이 되었습니다. 양과 함께 일 년의 대부분을 광야에서 잠을 자고 풀과 물을 찾아다니는 노인이 되었습니다. 자기 것이라고 할 수 있는 것은 겨우 손에 든 지팡이 하나가 전부입니다.

하나님의 눈에는 이 노인도 쓰임 받을 만할까요? 하나님은 왜 모세를 찾아오셨을까요? 모세보다 젊고 똑똑하고 준비된 사람도 많을 텐데 왜 그 엄청난 출애굽의 역사를 이루기 위해 찾아온 사람이 80세의 노인일까요?

모르긴 몰라도 히브리인들 중에 눈만 뜨면 역기를 들고, 팔굽혀 펴기도 하면서 체력을 기르고 영성과 지성을 겸비하기 위해 주경야독의 자세로 책과 성경책을 무섭게 읽어 내려가며 하나님께 나를 써달라고 기도하는 30~40대 젊은이들이 많지 않았을까요?

그런데 왜 하나님은 모세가 아니면 안 되는 것처럼 찾아와서 그를 설득하고 있는 것일까요? 왜 하나님은 모세가 아니면 안 되는 것처럼 이토록 지루하게 설득하고 계시는 것일까요? 세상 기준으로 보면 모세는 신청자 중에 가장 마지막 후보도 되기 힘든 스펙을 가지고 있었는데, 왜 하나님은 모세에게 찾아오신 것일까요? 이것을 우리는 뭐라고 부른다고요? "은혜"라고 부릅니다.

세상은 80을 노인으로 보고 남은 날을 생각하지만,
하나님은 살아온 날을 봅니다.
세상은 80을 늙었다고 표현하지만,
하나님은 80년을 준비시켜왔다고 말씀하십니다.
세상은 80이면 이제 끝났다고 생각하지만,
하나님은 이제부터 시작이라고 말씀하십니다.
세상은 80이면 너무 늦었다고 말하지만,
하나님은 딱 좋은 나이라고 말씀하십니다.

40이었던 모세는 세상 사람들이 보기에는 딱 좋은 나이지만, 하나님이 쓰시기에는 너무 뻣뻣했는지도 모릅니다. 세상 사람들에게 80이 된 모세는 너무 늦은 듯 보이지만, 하나님이 쓰시기에 너무 편했는지도 모릅니다. 80이 되니, 힘이 없어 주님의 힘을 의지하고, 개인적인 꿈이 없어 하나님의 꿈을 펼치기 좋고, 뻣뻣하지도 않고 부드러워 하나님이 쓰시기에 가장 편한 모습의 모세가 되었던 것입니다. 하나님이 강한 자를 쓰시지 않고 약한 자를 쓰시는 이유가 여기 있습니다. 모세를 통해 하나님이 하시고자 하시는 말씀은 명확합니다. "내가 사용하지 못할 사람은 없다."

성경이 모세를 통해서 우리에게 가르치는 교훈이 무엇입니까? 모세를 사용하신 하나님이 사용하지 못할 사람은 아무도 없다는 것입니다. 하나님의 은혜는 누구에게든 임할 수 있고, 하나님의 은혜가 임하면 그 사람이 누구이든 쓰임받을 수 있다는 것입니다. 이것이 40세의 가장 잘나가는 모세를 쓰시지 않고 80세의 모세를 사용하신 이유입니다. 여러분 모두도 쓰임 받을 수 있다는 뜻입니다.

인생을 살다 보면 누구에게나 80세의 모세와 같은 날들이 찾아옵니다. 힘도 없고, 꿈도 없고, 돈도 없고, 아무것도 남겨진 것이 없는 그런 날들이 찾아옵니다. 그런데 그 순간이 어쩌면 하나님이 일하시기 가장 좋은 때일지도 모릅니다.

저는 오늘 여러분에게 세 명의 모세를 소개하고자 합니다. 여러분은 성경을 어떻게 읽으셨는지 모르지만, 저는 출애굽기를 묵상하다 보니 세 명의 모세를 만날 수 있었습니다. 그 모세를 여러분에게 소개하겠습니다. 세 명의 모세를 통해 은혜받으시기 바랍니다. 첫 번째 모세는 80세의 노인이 된 모세입니다. 여러분이 아는 그 모세입니다. 그래서 길게 설명해 드리지 않겠습니다.

두 번째 모세는 누구일까요?

떨기나무에서의 모세입니다. 하나님께서 모세를 찾아오실 때 떨기나무 불로 찾아오셨습니다. 지나가던 모세가 불이 붙는 떨기나무를 보았는데 아무리 기다려도 불이 꺼지지 않고 타오릅니다. 처음 보는 광경입니다. 떨기나무는 나무라고 하기보다는 덤불에 가까운 광야의 식물입니다. 보통 불이 붙은 떨기나무는 5분을 넘기지 않고 다 타는데 모세가 본 것은 불이 꺼지지 않고 타오르는 떨기나무입니다. 하나님께서 모세를 부르실 때 왜 떨기나무에 불로 임하셨을까요? 모세의 모습을 보여주신 것입니다.

"모세야, 보이느냐? 불에 타면 5분이면 재가 될 이 떨기나무도 나의 불이 임하면 재가 되지 않고 활활 타오른단다." 모세가 타도 타도 재가 되지 않는 떨기나무를 보고 무엇을 보았을까요? 자기 자신을 본 것입니다. 그 초라한 덤불 같은 떨기나무가 더도 덜도 말고 꼭 늙어버린 자기의 모습입니다. 광야에 심겨있어 누구 하나 눈길을 주지 않는 볼품없는 떨기나무. 그런데 그 떨기나무에 하나님이 찾아오셔서 불로 임했습니다. 떨기나무를 온통 집어삼켜 성령의 불이 활활 타오르지만, 불만 타오를 뿐 떨기나무가 재가 되지 않습니다. 모세에게 하나님께서 떨기나무 불로 말씀하고 계신 것입니다. "모세야, 떨기나무에 성령의 불이 임하니 광야에 방황하던 너를 이 떨기나무 앞으로 인도하여 오지 않았느냐… 떨기나무

같은 너의 인생에도 내가 불로 임하면 아무리 나이가 들어도 재가 되지 않는 인생이 될 것이다. 그리고 많은 사람을 내 앞으로 인도하여 낼 것이다."

떨기나무에 임한 하나님, 이것을 우리는 "은혜"라고 말합니다.

우리 중에 떨기나무 같은 분이 계십니까? 광야같은 삶의 한가운데 서 있는 사람. 왜 서 있어야 하는지 존재 이유도 모르고, 왜 나 같은 나무가 만들어졌는지 목적도 모르겠고, 언제까지 이렇게 서 있어야 하는지 방향도 모르면서 그냥 늙어가는 한 그루의 떨기나무. 그러나 그 떨기나무에도 하나님은 찾아오십니다. 이것이 떨기나무에 임한 은혜입니다. 하나님은 떨기나무를 무척이나 닮아있던 80세 모세에게 임하셨습니다. 그리고 모세에게 임한 불은 40년 동안 꺼지지 않고 120살이 될 때까지 활활 타올랐습니다. 그리고 모세에게 타오르는 불로 그는 200만 이스라엘 백성을 광야에서 인도하는 지도자가 되었습니다. 오늘 여러분에게 이 떨기나무에 임했던 성령의 불이 임하실 수 있기를 축원합니다.

제가 모세의 이야기에 세 명의 모세가 등장하고 있다고 했습니다. 첫 번째 모세는 그야말로 80세 된 모세입니다. 두 번째, 모세는 떨기나무라는 모세의 또 다른 모습이었습니다. 세 번째 모세는 누구일까요? 모세의 손에 있었던 지팡이입니다. 지팡이에 임한 은혜입니다. 모세의 지팡이는 또 다른 모세를 보여줍니다. 마흔 살에 광야로 도망 나와 돌아다니면서 장인 이드로의 양을 치는 목동의 삶을 살았던 모세. 40년이나 광야에서 야인으로 살았던 모세. 그와 40년간 함께 했던 것은 다름 아닌 지팡이였습니다. 지팡이는 모세만큼이나 낡고, 닳도록 산전수전 다 겪었습니다.

40년을 그렇게 함께 살다 보니, 지팡이가 모세인지, 모세가 지팡이인지도 모르는 익숙하고 볼품없는 평범한 지팡이입니다. 영화 같은 곳에는 지팡이가 과장되어 표현됩니다. 하늘에 닿을 듯 자신보다 키가 훨씬 큰 지팡이를 쥐고 있는 모세로 묘사되어있지만, 목동들이 그런 키 크고 무거운 지팡이를 들고는 먼 길 못 다닙니다. 딴청 피우는 양들 엉덩이나 툭툭 칠 정도, 오르막길에 오를 때 적당한 도움이 되는 정도 크기의 그냥 고만고만한 지팡이입니다.

그런데, 모세가 하나님과 설전을 벌이면서 나는 늙어서 바로 앞에 못 간다고 버틸 때, 하나님께서 말씀하시고 모세가 대답하는 장면이 있습니다.

"네 손에 무엇이 있느냐?"
"지팡이입니다."
"그 지팡이를 땅에 던져라."
그렇게 던졌더니 그 지팡이가 뱀으로 바뀝니다.

"이제 다시 그 꼬리를 잡아라."
잡았더니 다시 지팡이가 되었습니다.

2~4절을 함께 읽겠습니다.

"여호와께서 그에게 이르시되 네 손에 있는 것이 무엇이냐 그가 이르되 지팡이니이다 여호와께서 이르시되 그것을 땅에 던지라 하시매 곧 땅에 던지니 그것이 뱀이 된지라 모세가 뱀 앞에서 피하매 여호와께서 모세에게 이르시되 네 손을 내밀어 그 꼬리를 잡으라 그가 손을 내밀어 그것을 잡으니 그의 손에서 지팡이가 된지라" (출 4:2-4)

하나님께서 신비한 경험을 통해서 말씀하십니다. "그 지팡이가 대단한 것이 아니다. 네가 던져보니 그 지팡이는 죄 많은 뱀 한 마리밖에 되지 않는 것이다. 죄 많은 뱀도 고쳐서 지팡이로 만들어 목동의 손에 쥐여주어 양들을 인도하게 하지 않느냐? 네가 대단해서 부르는 것이 아니다. 너 또한 죄 많은 인간이다. 그러나 죄 많은 너의 인생도 버리지 않고 내가 바꾸어 나의 종으로 사용하는 것이다. 네 손에 지팡이가 있듯 내 손의 지팡이는 바로 너다. 네 손의 지팡이로 네가 양들을 인도하듯, 내가 너를 내 손의 지팡이로 삼아 나의 200만 양들을 애굽에서 인도하여 내는 목자가 되게 하리라. 나는 너의 목자요, 너는 내 손의 지팡이니라." 이것이 지팡이 같은 인생에 임한 은혜입니다. 모세가 지팡이를 잡은 그 시간에 하나님은 모세를 잡고 계셨던 것입니다.

그리고는 하나님께서 모세에게 17절에 이렇게 말씀하십니다.

"너는 이 지팡이를 손에 잡고 이것으로 이적을 행할지니라"
(출 4:17)

모세는 자기와 함께 40년을 지낸 다 낡아버린 자기 손에 있는 지팡이를 보면서 자기의 모습을 보았을 것입니다. '이 지팡이도 쓰임을 받는데, 나는 왜 쓰임을 못 받겠는가. 하나님이 이 지팡이를 통해 이적을 행하신다고 하셨는데, 지팡이 같은 나를 통해서 하나님이 어찌 일을 못 하시겠는가. 하나님, 떨기나무 같은 모세, 이 지팡이 같은 모세가 여기 있습니다. 원하시거든 사용하십시오.' 그 때 모세에게 은혜가 임합니다. 하나님의 명령이 떨어집니다.

"이제 가라 내가 네 입과 함께 있어서 할 말을 가르치리라"
(출 4:12)

이것이 지팡이 같은 인생에 임한 은혜입니다.

성경을 읽다 보면, 하나님의 은혜는 항상 가장 약한 자에게 임하고, 가장 초라한 곳에 임하는 것을 보게 됩니다. 왕의 보좌보다 마구간에 임하는 것이 하나님의 은혜입니다. 사사 삼갈은 소를 모는 농부였기에 갖춘 것이라고는 대단한 학력이나 지력이 아니라, 그냥 소 모는 막대기가 전부였지만, 하나님은 그것 하나만 가지고도 블레셋을 이기게 하셨습니다. 삼갈이 소 모는 막대기를 잡은 그 시간에 하나님이 삼갈을 잡고 계셨기에 가능했던 것입니다.

다윗은 물맷돌 하나를 가지고 골리앗을 물리쳤습니다. 길가에 있는 물맷돌이야말로 또 다른 다윗이었습니다. 가족들로부터 소외되어 광야에 목동으로 버려진 다윗의 모습이 바로 길가의 돌멩이였습니다. 그런데, 그가 돌멩이를 골리앗에게 던지는 순간 하나님은 다윗을 붙잡고 골리앗에게 던진 것입니다. 다윗이 돌멩이를 던지는 순간, 하나님은 다윗을 골리앗에게 던지고 있었던 것입니다. 힘은 물맷돌에서 나오는 것이 아니라, 하나님의 손에서 나오는 것입니다. 이것이 물맷돌에 임한 은혜입니다.

배가 고픈 5천 명을 먹이는 일은 재계 10위 안에 드는 음식 회사 사장님이 창고를 열어야 가능한 것이 아니라, 소년의 도시락 하나면 되었습니다. 도시락 안에 한 소년의 점심 분량밖에 되지 않는 작은 물고기와 떡 다섯 개에 하나님의 은혜가 임하니, 빈 들에서 5천 명, 아이들 포함 이만 명이 먹고도 남게 되는 것입니다. 이것이 도시락에 임한 은혜입니다.

이처럼 하나님의 은혜는 대단한 사람에게 찾아오는 것이 아니라, 은혜가 아니고는 살 수 없는 연약한 인생에 찾아오십니다. 그리고는 그 사람이 도저히 감당할 수 없는 크고 위대한 일을 행하십니다. 그래서 세상 모든 사람이 다 압니다. 저건 저 사람의 힘으로 한 것이 아니라, 저 사람을 붙잡고 있는 하나님이 하신 일이라고. 세상 모든 사람이 하나님의 행하신 일을 자연스럽게 찬양하게 됩니다.

오늘 자신을 돌아볼 때 자기의 모습이 80이 된 모세의 모습을 닮아있다면, 좌절할 것이 아니라 하나님의 은혜가 임할 때가 되었다는 것을 기억해야 합니다. 하나님은 그런 인생을 찾고 있습니다. 나이가 80이 아니라 환경이 80이 된 모세와 같은 사람들을 말하는 것입니다. 병이 들어 기력이 없고, 재력이 없고, 재주가 없고, 능력이 없고, 이제 무엇을 하려고 해도 아무것도 할 수 없는 그 때가 오히려 하나님이 그 사람을 통해 일하실 최고의 좋은 시간이 될 수도 있습니다.

자신의 모습이 광야 한가운데 서 있는 초라한 가시떨기 같고, 별 쓸모없는 지팡이 하나와 같을지라도, 하나님의 은혜는 그 떨기나무에 임하고, 그 지팡이에 임합니다. 모세에게 하나님의 은혜가 임했을 때, 바로를 이기는 능력이 그에게서 나오고, 지팡이에 은혜가 임했을 때 홍해를 갈라놓았고, 떨기나무에 은혜가 임하니 아무리 타도 재가 되지 않은 것처럼 모세는 120세가 될 때까지 눈의 총기가 사라지지 않고 어떤 젊은 청년보다 더 젊고, 타고 타도 재가 되지 않는 영원한 청년으로 쓰임을 받았습니다.

오늘 하나님의 은혜를 구하십시오. "하나님, 떨기나무에 임한 불의 은혜를 내게 내려주옵소서. 지팡이에 임한 그 능력의 은혜를 제가 내려주옵소서. 80세 된 노인 모세에게 찾아오신 자비로운 방문을 제 삶에도 베풀어주옵소서. 나는 주님의 은혜가 필요합니다."

People under Grace

은혜 입은 사람들 시리즈

07
통곡의 은혜, 한나

사무엘상 1:10-20

한나가 마음이 괴로워서 여호와께 기도하고 통곡하며
서원하여 이르되 만군의 여호와여 만일 주의 여종의 고통을 돌보시고 나를
기억하사 주의 여종을 잊지 아니하시고 주의 여종에게 아들을 주시면 내가
그의 평생에 그를 여호와께 드리고 삭도를 그의 머리에 대지 아니하겠나이다
그가 여호와 앞에 오래 기도하는 동안에 엘리가 그의 입을 주목한즉
한나가 속으로 말하매 입술만 움직이고 음성은 들리지
아니하므로 엘리는 그가 취한 줄로 생각한지라
엘리가 그에게 이르되 네가 언제까지 취하여 있겠느냐 포도주를 끊으라 하니
한나가 대답하여 이르되 내 주여 그렇지 아니하니이다 나는 마음이 슬픈 여자라
포도주나 독주를 마신 것이 아니요 여호와 앞에 내 심정을 통한 것뿐이오니
당신의 여종을 악한 여자로 여기지 마옵소서 내가 지금까지 말한
것은 나의 원통함과 격분됨이 많기 때문이니이다 하는지라
엘리가 대답하여 이르되 평안히 가라 이스라엘의 하나님이
네가 기도하여 구한 것을 허락하시기를 원하노라 하니
이르되 당신의 여종이 당신께 은혜 입기를 원하나이다
하고 가서 먹고 얼굴에 다시는 근심 빛이 없더라
그들이 아침에 일찍이 일어나 여호와 앞에 경배하고 돌아가 라마의 자기 집에
이르니라 엘가나가 그의 아내 한나와 동침하매 여호와께서 그를 생각하신지라
한나가 임신하고 때가 이르매 아들을 낳아 사무엘이라
이름하였으니 이는 내가 여호와께 그를 구하였다 함이더라

People under Grace

오늘 설교는 마음이 괴롭고, 서럽고, 기도 응답이 안 되고, 사람들에게 무시당하고, 열등감이 있고, 자식이 안 생겨서 고생하는 사람들을 위한 은혜의 메시지입니다.

우정교회 예동렬 목사님처럼 아기가 안 생기는 집에 가서 간절히 기도해주는데 그 집 며느리는 '아멘'을 안 하는데, 옆에 사모님이 너무 간절히 아멘 아멘 하는 바람에 3개월 후에 사모님이 임신하게 되는 그런 경우가 있습니다. 오늘 한나의 기적을 한나의 기적으로 두지 말고, 원하는 분들은 크게 '아멘'하여 나의 응답으로 받으시길 축원합니다.

오늘 주인공은 이름도 이쁜 '한나'입니다. 미국에서 한국 사람들이 아이를 낳으면 여자아이 이름 중에 가장 많이 짓는 이름이 한나입니다. 영어로 '해나(Hanna)'죠. 이처럼 한나는 모든 여인의 모범이 되는 롤모델에 가까운 여인입니다. 좋은 어머니의 표상, 한나님을 경외하는 여인, 기도의 사람, 자녀 사무엘을 온전히 하나님께 맡긴 믿음의 여인, 자녀교육의 모본으로 잘 알려진 여인입니다.

그러나 빛이 있으면 그림자도 있듯 한나가 이런 사람이 되기 전까지 그녀가 받은 고통은 심히 컸습니다. 산이 높으면 골이 깊은 법이듯 한나의 초기의 삶은 눈물 많은 인생이었습니다. 한나는 '에브라임 산지' 중에서 '라마다임소빔'이라는 곳에 사는 '에브라임 족속'의 '엘가나'의 아내였습니다. 엘가나에게는 아내가 둘이 있었는데, 한 명은 '한나'요, 다른 한 명은 '브닌나'였습니다. 브닌나는 남편의 사랑을 많이 못 받은 듯하지만 대신 자식이 많았고 한나는 남편의 사랑을 극진히 받았지만 대신 아이를 갖지 못했습니다.

당시에는 남편 사랑보다 더 힘이 강한 것이 아이를 가지는 것입니다. 남편 사랑도 제대로 받지 못해 스트레스를 받은 브닌나가 아이도 없으면서 남편 사랑을 독차지하는 한나가 좋게 보일 리가 있겠습니까. 그래서 자꾸 한나를 격분시킵니다. 이름도 '분이나'는 브닌나입니다. 한나의 괴로움이 얼마나 컸을지 짐작이 갑니다.

그런데 한나는 남편 사랑을 많이 받았습니다. 아이가 없어 괴로워하는 한나를 향해 "내가 열 아들보다 낫지 않냐"고하면서 요즈음 남자들도 잘 못 하는 위로와 사랑의 고백을 이 남편은 스스럼없이 합니다. 그리고 하나님의 사랑을 많이 받으라고 예배할 때

드릴 제물도 두 배로 더 얹어서 줍니다. 따듯한 남편이죠. 인생이 다 이렇습니다. 자식이 있으면 남편 복이 없고, 남편 복이 있으면 자식 복이 없고, 이런 명암을 모두 가지고 살아가는 것이 인간인 것 같습니다. 세상은 어떻게 보면 공평합니다.

자식 복이 있으면 남편 복이 없고, 남편 복이 있으면 자식 복이 없습니다. 자식 복도 있고 남편 복도 있는 사람은요? 건강이 약한 사람이 많습니다. 자식 복도 있고 남편 복도 있고, 건강까지 좋은 사람은요? 대체로 인기가 없습니다. 자식 복도 있고 남편 복도 있고 건강 복도 있고 인기도 좋은 사람은 괴롭히는 사람이 많습니다. 자식 복도 있고 남편 복도 있고 건강 복도 있고 인기도 좋고 안티도 없는 사람은 1910년에 신의주에서 살다가 돌아가신 김복동 할머니를 끝으로 그런 사람은 아직 안 나타났다고 합니다.

브닌나는 자식 복은 있는데 남편의 사랑을 받지 못했고, 한나는 남편의 사랑은 극진히 받았지만 자식이 없었는데, 그 당시 문화적으로는 브닌나가 더 큰 소리치는 자리에 있었던 것입니다. 그러니 브닌나의 모진 모욕에 얼마나 마음이 원통했겠습니까. 오늘 마음이 원통한 분들은 한나를 보고 위로받으시기 바랍니다.

한나의 설움은 우리가 요즈음 자녀가 없는 것과는 차원이 다른 괴로움입니다. 당시에 자식은 재산이고, 자식이 노후보장이고, 자식이 전통의 화살이고, 자식이 나의 신용카드고, 자식이 나의 인감도장이고, 자식이 나의 샤넬 구두였고, 에르메스 가방이었고, 자식이 메르세데스 벤츠였습니다. 그런데 그 자식이 없으니 얼마나 서럽고 고통스러웠겠습니까.

1장 전체를 읽어보면, 한나를 묘사할 때 등장하는 단어들이 있습니다. 찾아보면 이런 것들입니다. '격분, 괴롭게, 울며, 먹지 아니하며, 슬프냐, 괴로워서, 통곡, 고통, 슬픈 여자, 원통함, 격분됨' 모두 한나를 묘사할 때 함께 등장하는 단어들입니다. 어쩌면 한나의 이름이 왜 한나냐면, "한 많은 나"의 줄임말인지도 모르겠습니다.

그런데, 하나님께서 이런 불쌍한 한 많은 여인 한나를 돌아보셨습니다. 하나님의 눈은 항상 '탄식하는 자, 불쌍한 자, 부르짖는 자, 통곡하는 소리가 들리는 곳'을 향해 있습니다.

그래서 통곡하는 한나에게 은혜를 베푸셨습니다. 한나의 간절한 기도를 하나님께서 응답하셨습니다.

"엘리가 대답하여 이르되 평안히 가라 이스라엘의 하나님이 네가 기도하여 구한 것을 허락하시기를 원하노라 하니 이르되 당신의 여종이 당신께 은혜 입기를 원하나이다 하고 가서 먹고 얼굴에 다시는 근심 빛이 없더라"(삼상 1:17-18)

하나님께서 여러분이 간절히 기도하여 구한 것을 허락해주시길 기도합니다. 여러분의 근심된 얼굴이 사라지고, 다시는 얼굴에 근심의 빛이 없으시길 축원합니다. 하나님께서 한나의 통곡하는 기도에 응답하셔서 이스라엘에서 가장 위대한 사사요 선지자였던 사무엘을 응답으로 주신 것입니다. 오늘 여러분도, 여러분의 응답인 여러분만의 사무엘을 응답으로 받으시기 축원합니다.

어떻게 자신을 표현하는 단어들이 격분, 괴로움, 눈물, 단식, 슬픔, 통곡, 원통이었던 그녀가 얼굴에 다시는 근심 빛이 없더라는 결론으로 이야기가 마쳐질 수 있었던 것일까요? 정답은 간단합니다. 하나님께서 그에게 은혜를 베푸셨기 때문입니다. 18절에 한나는 이렇게 기도합니다. "이르되 당신의 여종이 당신께 은혜 입기를 원하나이다." 더 자세히 말하자면, 하나님께서 엘리 선지자 당신을 통해 내게 은혜 베푸시길 원하나이다라고 기도한 것입니다. 한나는 하나님의 은혜를 구했던 것이고, 하나님은 은혜를 베푸신 것입니다. 한나는 은혜 아래 있었던 사람입니다. 하나님의 은혜가 임하면, 수많은 눈물과 고통과 통곡의 인생도, 근심 빛이 사라지고 맑고 밝은 인생이 될 수 있는 줄 믿습니다.

저는 한나에게 왜 하나님의 은혜가 임했는지를 살펴보려고 합니다. 그리고 한나와 비슷한 처지에 있는 성도님들에게도 같은 은혜가 임하기를 바랍니다.

한나가 하나님의 은혜를 받은 이유입니다.

첫째, 한나는 하나님의 성전으로 나왔습니다.

한나는 마음이 괴로울 때 골방에 들어가서 통곡을 하지 않았습니다. 한나는 마음이 원통할 때 사람을 찾아가 하소연하지 않았습니다. 한나는 마음이 슬플 때 남편을 붙잡고 신세 한탄을 하지 않았습니다. 한나는 마음이 괴롭고 하나님의 은혜가 필요할 때 성전을 찾았습니다.

본문 7절에 여호와의 집에 한나가 갔다고 표현하고 있고, 9절에는 여호와의 전에 한나가 갔다고 표현하고 있습니다. 한나는 통곡할 일이 있을 때 집의 골방에서 통곡하지 않고 성전을 찾아갔던 것입니다. 그가 은혜를 입은 이유는 성전으로 갔기 때문입니다.

여러분은 눈물이 날 때 어디를 제일 먼저 찾아가십니까? 여러분은 문제가 생겼을 때 어디를 가장 먼저 달려가십니까? 여러분은 마음이 원통하고, 슬픔의 눈물이 강을 이루고, 마음껏 울고 싶을 때 어디를 가장 먼저 찾아가시나요? 예전에 제가 슬픈 시 하나를 소개한 적이 있습니다. 제목이 '울 곳'입니다.

울 곳 (김환영)

할머니 어디 가요?

- 예배당 간다

근데 왜 울면서 가요?
- 울려고 간다

왜 예배당 가서 울어요?
- 울 데가 없다

  할머니들이 아버지들을 어떻게 키웠나요? 예배당에서 울면서 키웠습니다. 어머니들이 자식을 어떻게 키웠나요? 예배당에서 통곡하면서 키웠습니다. 예배당에서 밤이 새도록 무릎 꿇고 울고 통곡하면서 '우리 아들 살려주세요. 우리 딸 살려주세요. 시집 간 우리 딸을 불쌍히 여겨주세요. 군대 간 우리 아들 무사히 제대만 하게 해주세요.' 이렇게 밤새도록 예배당에서 울었던 그 통곡과 눈물이 우리를 키워낸 것입니다.

  목회할 때, 교회에 예배드리러 오면 남편 옆에서 우는 여자 집사님이 있었습니다. 교회에만 오면 그렇게 눈물이 나고 은혜가 된다는 것입니다. 이민 와서 주유소에서 일하는데, 얼마나 그 일이 힘든지 모릅니다. 동네 온갖 노숙자들이나 깡패들이 다 방문하는 위험지역에서 날마다 목숨 걸고 기름을 파는데, 교회 오니 얼마나 눈물이 나고 은혜가 되겠습니까? 주유소 앞마당에 비하면 예배당은 그 자체로 천국인 거죠.

그런데 제대로 울지를 못합니다. 부인이 울면 남편이 집에 가서 불같이 화를 낸답니다. 교회 올 때마다 차 안에서 정신교육을 합니다. "오늘도 울면 나는 그 자리에서 일어나서 나와 버릴 거다. 그리고 교회 다시는 안 갈 거다." 그렇게 교육을 하는데도, 앉으면 그냥 눈물이 흐르는데 어떻게 막습니까?

심방을 갔더니, 여집사님이 그렇게 고충을 토로하는 것입니다. 왜 그러냐고 남편에게 물어보니 포항이 고향인 분이시라 투박한 사투리로 이렇게 말합니다. "목사님, 다른 여자들은 교회 와서 울지 않고 다들 얌전하게 예배를 잘만 드리던데, 이 여자는 앉으면 우니까 남들이 나를 뭐라고 생각하겠어요? 저 여자는 남편이 얼마나 고생시켰으면 저렇게 우냐. 남편이 고생시켜서 서러워서 운다고 생각할 거 아닙니까? 창피해서 교회를 못 가겠습니다."

그 이야기를 듣고, 제가 말했습니다. "울게 놔두세요. 박 집사님 안 울면 미국에서 힘들어 죽습니다. 저 눈물의 기도가 박 집사님 집을 살리고 있습니다. 눈물이 멈추는 순간 바가지가 시작되고 신세 한탄이 시작되고, 한국 돌아가자고 노래를 부를 것입니다. 그 눈물 때문에 지금까지 평안하게 사는 줄 아세요." 했더니 그다음부터 울어도 아무 말 안 한다고 하더군요.

한나는 자기의 괴로움을 집에서 해결하려고 하지 않았습니다. 한나는 임신하지 못하는 괴로움과 브닌나의 충동 때문에 마음이 괴로워 죽을 것 같을 때 방문 걸어 잠그고 두문불출하는 대신, 당장 성전으로 달려갔습니다. 예배당으로 달려가 그곳에서 통곡하면서 하나님 앞에서 울었습니다.

여러분은 제일 먼저 어디로 달려가나요? 한나에게 왜 사무엘이라는 응답이 임하고, 눈물과 통곡이 가득했던 얼굴에 근심이 사라지고 맑고 밝은 얼굴이 되었을까요?

하나님이 은혜를 베푸셔서 그렇습니다. 그렇다면, 왜 하나님께서 한나에게 은혜를 베푸셨을까요? 한나가 은혜를 구했기 때문입니다. 목사님, 은혜는 구하는 자에게 임하나요? 은혜의 본질상 아무 공로 없는 자에게 무조건 찾아오는 것 아닌가요? 맞습니다. 구원의 은혜는 그렇습니다. 아무런 공로 없고, 날 구원해달라고 부르짖지 않아도, 날 선택하고 구원하신 은혜는 무차별적, 무조건적, 무공로적입니다.

그러나 그렇게 구원을 받은 하나님의 자녀들이 살아가는 내내 필요할 때마다 얻게 되는 은혜는 가만히 아무것도 안 하고 기다리는 자에게 오는 것이 아니라, 찾고 구하는 자에게 오는 것입니다. 누가 은혜를 많이 받고, 은혜받은 사람이 다음에 또 받고 하느냐? 바로 은혜를 구하고 또 구하는 사람이 받습니다. 앉아있지 않고, 은혜를 받으려고 은혜의 보좌 앞으로 나와서 통곡하면서 "내게 은혜를 주옵소서." 하면서 은혜를 구하는 사람이 한 번이라도 더 은혜를 받게 되는 것입니다.

그래서 히브리서 기자는 우리에게 이렇게 은혜받는 법을 가르쳐 주고 있습니다.

"그러므로 우리는 긍휼하심을 받고 때를 따라 돕는 은혜를 얻기 위하여 은혜의 보좌 앞에 담대히 나아갈 것이니라"(히 4:16)

한나는 하나님의 은혜를 기다리지 않고 은혜를 받기 위해 담대히 은혜의 보좌 앞으로 나간 사람입니다. 담대하게 은혜의 보좌 앞으로 나온 결과가 사무엘입니다. 한나는 그냥 울면서 그 자리에서 기다리지 않았습니다. 그녀는 하나님이 계신 성전을 찾아갔고, 담대히 그곳에서 엘리 제사장에게 자신의 문제를 아뢰고, 하나님께 원통함을 풀어달라고 기도 제목을 내어놓고 오랫동안 술 취한 사람이라고 오해받을 정도로 간절하게 하나님의 은혜를 구했습니다.

여러분, 문제가 있으면 하나님께로 가까이 나와야 합니다. '하나님이 성전에만 계시냐, 내가 있는 모든 곳에 하나님이 계시지.' 하면서 정작 내가 있는 곳에서는 기도 한 번 제대로 못 하는 사람들이 얼마나 많은지 모릅니다. 당연히 하나님이 예배당에만 계시지는 않지요. 그건 요즈음 주일학교 아이들도 다 아는 상식입니다. 그러나 교회는 영광스러운 곳입니다. 성도들의 기도가 많이 쌓인 곳입니다.

교회는 기도의 용사들이 어둠의 권세를 멸하는 기도를 해서, 혼자 집에서 기도할 때보다 영적인 싸움이 훨씬 적은 곳이라서, 기도를 시작하자마자 깊은 기도로 들어갈 수 있습니다. 혼자 기도할 때는 딴 생각이 나도 교회에서 함께 기도하면 내가 잘 못 할 때는 옆의 권사님이 영적으로 느끼고 나를 위해 기도해줍니다. 말씀이 선포되는 곳, 찬송이 늘 가득 차 있는 곳, 성도들의 눈물 기도가 쌓인 교회에서 드리는 기도는 훨씬 여러분을 더욱 간절하게 하고, 기도를 더욱 깊게 하게 하고, 영적인 공격을 무마시켜 더욱 강한 기도를 하나님께 올려드릴 수 있게 합니다.

아무리 한일전 축구를 가슴 떨리게 응원을 하려고 해도, 새벽 4시에 일어나 혼자 텔레비전 앞에서 응원하면, 그것만큼 시시한 것도 없습니다. 골을 넣어도, '앗싸.'하고 끝납니다. 그런데, 다섯 명만 함께 앉아서 응원해도 아파트가 떠나갑니다. 더욱이 진짜 운동장에 가서 응원하면 목소리가 터질 듯이 응원하고, 골을 넣으면 알든 모르든 서로 끌어안고 춤을 추고, 난리가 납니다. 현장에서 느끼는 감동은 텔레비전 앞에서는 절대로 느낄 수 없습니다. 맞습니다. 텔레비전을 보든지 운동장에 있든지 90분 경기를 다 보는 것은 똑같습니다. 누가 골을 넣었는지, 누가 패스를 기가 막히게 했는지, 몇 대 몇으로 이겼는지는 똑같이 알지만, 현장에 다녀온 사람의 감동은 절대 똑같지 않습니다.

예, 내가 있는 현장에서 얼마든지 하나님께 기도할 수 있습니다. 그리고 또 해야 합니다. 무시로 어디서든지 하나님께 기도하면 하나님이 들으십니다. 그러나 급한 일이 있을 때, 간절한 기도가 있을 때, 꼭 응답 받고픈 기도가 있을 때, 혼자하는 기도로는 도저히 뜨거워질 수 없을 때, 다시 일어나고 싶을 때, 병이 낫고 싶을 때, 태중 자녀의 복을 얻고 싶을 때, 한나는 성전으로 달려 나와 통곡하면서 기도하고 응답을 받았습니다. 하나님의 은혜를 받았습니다. 한나가 집에서 남편을 붙들고 울 때 은혜가 그에게 임한 것이 아니라, 성전에 나와서 기도할 때 은혜가 임했습니다. 은혜를 얻기 위해 담대히 은혜의 보좌 앞으로 나와서 나를 불쌍히 여겨달라고, 나는 불쌍한 여자라고 통곡할 때 하나님은 한나를 찾아오셔서 그의 간절한 기도에 응답하신 줄 믿습니다.

둘째, 한나가 은혜를 받은 이유는 성전에서 오랫동안 기도했기 때문입니다.

한나는 성전에 나와서 잠시 있다가 가지 않았습니다. 그녀는 성전에서 오랫동안 기도하면서 하나님께 기도했습니다. 12절입니다.

"그가 여호와 앞에 오래 기도하는 동안에 엘리가 그의 입을 주목한즉"

한나는 성전 뜰만 밟고 가는 사람이 아니었습니다. 성전에서 오래 기도하는 사람이었습니다. 오랜 기도는 응답이 잘 됩니다. 오늘날 성전을 출근 도장 찍듯이 오는 성전 마당만 밟고 가는 사람이 많습니다. 이사야 시대에도 하나님의 전에 나올 때 마당만 밟고 가는 사람들이 있었습니다.

"너희가 내 앞에 보이러 오니 이것을 누가 너희에게 요구하였느냐 내 마당만 밟을 뿐이니라"(사 1:12)

성전에 예배하러 오는 것은 참으로 귀한 일이지만, 예배를 드리기 위해서 앉는 순간부터 끝나는 시간을 기다리는 사람들이 있습니다. 이 사람들은 마당만 밟으러 온 사람들입니다. 하나님의 은혜를 받지 못하는 사람들입니다.

마틴 로이드 존스(Martyn Lloyd-Jones) 목사님이 이런 말을 했습니다. "주일날 성도들이 교회를 오는 이유는 빨리 교회를 박차고 나가기 위함이다." 주일날 교회에 오지 않으면 벌 받을 것 같아서 할 수 없이 나오지만, 앉는 순간 빨리 교회를 떠날 생각을 하는 사람들의 심리를 정확하게 지적한 것입니다.

오늘날 교회 안에는 오래 기도하고, 오래 예배하고, 오래 찬송하는 것을 견디지 못하는 사람들로 가득합니다. 설교가 지난 주보다 조금이라고 길어지면 견디기 힘들어하고, 자주 손목시계를 보면서 빨리 끝내라는 무언의 압력을 주기도 합니다.

정확히 시작해서 정확히 끝나야지, 성령이 역사해서 예배가 길어지면 성령님도 용서를 못 할 사람들이 교회 안에 가득합니다. 기도해도 간략하게 해야지 길게 하는 기도시간이 제일 괴로운 사람들이 있습니다. 찬송도 손뼉 치고 한 곡 딱 부르고 끝나야지 몇 곡씩 부르면 견디지 못하는 사람들이 있습니다. 찬양을 부르는데, 후렴을 한번 반복을 더 하는 것을 참지 못하는 사람들도 많습니다.

다 잘못된 사람들입니다. 많은 경우, 하나님의 은혜는 예정한 시간보다 좀 더 길어질 때 찾아오고 응답합니다. 기도를 충분히 했다고 생각하고 일어났는데 응답 받지 못한 기도제목이, 그 자리에서 5분만 더 기도했더라면 그 시간에 응답이 받고, 은혜가 임했을 수도 있습니다. 우리는 은혜를 받기 위해 좀 더 기다리고, 좀 더 오래 기도할 필요가 있습니다. 오랜 기도에는 놀라운 응답이 숨어

있습니다.

이왕이면 간절하게 기도하고, 이왕이면 오래 기도하시기 바랍니다. 놀라운 응답의 비밀이 그곳에 숨어있습니다. 한나는 눈을 질끈 감고 성전에서 용건만 간단히 하고 일어난 것이 아닙니다. 엘리 제사장이 봐도 너무 길다 싶을 정도로 오래 기도하는 모습에 하나님의 마음이 감동되고, 하나님의 은혜가 한나에게 임한 것입니다.

은혜가 필요했던 한나는 문제가 생겼을 때, 집에 숨어 들어가 골방에서 통곡하면서 울지 않았습니다. 단숨에 성전을 찾아가 그곳에서 통곡하면서 진심을 하나님 앞에 토로했습니다. 잠시 기도하고 일어난 것이 아니라, 오랫동안 기도하면서 하나님의 은혜를 구했습니다. 한나가 운 곳은 성전이었고, 마음을 쏟아 놓은 분은 하나님밖에 없었습니다. 어찌 하나님께서 그 여인의 기도를 외면하시겠습니까.

오늘 이 중에 '내가 바로 한나다'라고 생각하시는 분들은 주중에라도 와서 하나님 앞에 마음껏 마음을 쏟아 놓고 기도하시기 바랍니다. 하나님 앞에 또 한 명의 한나가 되어, 성전에서 간절히 통곡하며 부르짖는 기도를 하나님께서 반드시 응답해주실 줄 믿습니다.

People under Grace

은혜 입은 사람들 시리즈

08

겸손한 자에게 임한 은혜, 다윗

사무엘하 7:18-19

다윗 왕이 여호와 앞에 들어가 앉아서 이르되 주 여호와여 나는
누구이오며 내 집은 무엇이기에 나를 여기까지 이르게 하셨나이까
주 여호와여 주께서 이것을 오히려 적게 여기시고 또 종의 집에 있을
먼 장래의 일까지도 말씀하셨나이다 주 여호와여 이것이 사람의 법이니이다

People under Grace

은혜라는 단어가 가장 잘 어울리는 사람 중의 한 사람이 다윗입니다. 은혜 시리즈를 설교하면서 다윗에 대한 은혜를 꼭 나누고 싶었는데 오늘이 그 시간입니다. 그런데 다윗의 이야기 속에서 은혜를 발견하고 소개하는 것이 가장 쉬운 줄 알았는데 의외로 가장 어려웠습니다. 찾기 힘들어 어려웠던 것이 아니라 너무 많아서 힘들었습니다. 그의 삶이 온통 은혜였기 때문에, 도대체 어디에 초점을 맞추어야 할지 난감했습니다. 다윗의 삶에서 은혜가 아닌 것이 하나도 없었기 때문입니다.

목동 시절도 은혜, 골리앗 앞에서도 은혜, 심지어 광야의 삶에서도 은혜, 그리고 왕이 되었을 때도 은혜, 성전을 사모한 예배자로서도 은혜, 죄에 넘어져도 크게 뉘우치고 자복하고 회개하여 돌이키는 회복의 은혜, 어디 하나 은혜가 아닌 것이 없어서 난감했습니다. 다윗의 이야기를 여러 번 나누어서 할 수도 없고 한 번의 설교 안에 이 많은 은혜를 담아낼 자신이 없었기 때문입니다.

그러다가 조금 다르게 생각해보았습니다. '다윗은 왜 이렇게 은혜를 많이 받은 것일까? 무엇이 그에게 임한 하나님의 은혜를 머물게 했을까?' 은혜를 받는 것보다 더 중요한 것은 받은 은혜를 잊어버리지 않고 머물러 있게 하는 것인데, 다윗에게는 왜 하나님의 은혜가 머물러 있었던 것인지를 묵상해 보았습니다. 그러다가 이유를 발견했습니다. 다윗이 받은 은혜를 모두 담아내는 하나의 바구니를 발견했습니다. 바로 '겸손'이라는 바구니였습니다.

다윗은 겸손한 사람이었습니다. 인생의 시작부터 죽는 순간까지 겸손했던 사람이었습니다. 그의 인생에 교만했던 적이 있나 싶어서 찾아봐도 딱히 교만의 순간을 찾아볼 수 없었던 겸손의 사람이었습니다. 어릴 적부터 형들은 다 집에 있을 때 막내임에도 불구하고 목동의 일을 할 수 있었던 것도 겸손한 성품 때문이었고, 골리앗 앞에서 창과 칼을 구하지 않고 물맷돌을 들고 나갔던 것도 겸손한 모습이었습니다. 밧세바를 범하는 죄를 짓고도 왕의 권력으로 감추려고 하지 않고, 통곡하면서 회개했던 것도 겸손입니다. 그의 삶을 돌아보면 무엇 하나 겸손하지 않은 모습이 없습니다. 그래서 제가 다윗이 받은 은혜의 비결이 겸손이었다고 말하는 것입니다.

베드로전서 5:5-6은 이렇게 말씀합니다.

"…서로 겸손으로 허리를 동이라 하나님은 교만한 자를 대적하시되 겸손한 자들에게는 은혜를 주시느니라 그러므로 하나님의 능하신 손 아래에서 겸손하라 때가 되면 너희를 높이시리라"

하나님의 은혜는 겸손한 자에게 임합니다. 하나님의 은혜가 누군가에 임했다가도 그 사람에게 교만이 보이면, 은혜는 날아가 버리고 맙니다. 은혜는 단어 자체가 자격 없는 자에게 베푸시는 사랑이기 때문에, 내가 은혜받을 만한 사람이라고 생각하는 순간 은혜는 더 이상 머물 곳을 잃어버리고 맙니다. 하나님은 교만한 자를 내버려 두신다고 하지 않고 대적하신다고 했습니다. 하나님은 교만한 자를 대적하시고 겸손한 자에게 은혜를 베푸신다고 했습니다. 겸손한 자에게 베푸시는 은혜를 여러분이 모두 받으시길 축원합니다.

수많은 고생 끝에 다윗이 드디어 왕이 되었습니다. 죽을 위기를 수도 없이 겪었고, 광야를 짐승처럼 헤매고 다녔고, 추위와 배고픔으로 살아야 했던 다윗의 고생은 10년이 훌쩍 넘는 시간 동안 이어졌습니다. 하루아침에 눈을 떠보니 왕이 되어있는 사람은 아무도 없습니다. 다 고생하고 그 자리에 오르는 것입니다. 성공에는 그만한 노력과 고생과 눈물의 빵이 있는 것입니다. 죽고 싶은 순간을 수도 없이 참아야 하고, 억울한 일을 수도 없이 당해도 먼 훗날을 생각하면서 견뎌야 하고, 밤이면 찾아오는 극심한 우울증을 이겨내야 했고, 사랑하는 사람들이 모두 등을 돌리는 서운함을 극복해야 했습니다. 고생이 많을수록 성공은 더욱 값지고 달콤하게 여겨집니다.

그런데 고생을 많이 한 사람이 빠지게 되는 함정이 하나 있는데, 바로 공로의식, 보상의식입니다. 내가 고생해서 이만큼 되었다고 생각하는 것입니다. 그러니 나는 이런 대접을 받아도 된다는 생각을 합니다. 내가 잠도 안 자고, 안 먹고, 안 쓰고 노력해서 부자가 되었다고 생각하거나, 내가 십 년 동안 휴가도 한 번 안 가고 일을 해서 이렇게 높은 임원으로 승진했다고 생각하거나, 남들 다 놀 때 죽어라고 열심히 공부해 시험에 합격해서 관직에 오르거나, 법관이 되고, 외교관이 되었다고 생각하는 것은 매우 위험한 생각입니다.

노력을 깎아내리는 것도 아니고, 노력이 필요 없다는 것도 결코 아니지만, 그만한 노력을 똑같이 하는데도 안 되는 사람들이 여전히 많다는 것도 알아야 합니다. 성공은 나의 노력과 열심만으로는 절대로 이룰 수 없다는 것을 알아야 합니다. 나의 성공에는 타인의 몫이 반드시 있고, 나의 성공에는 하나님의 도우심이 반드시 있는 것을 알아야 합니다. 내 힘으로 성공을 이루었다고 생각하는 것이 교만입니다. 고생을 심하게 하고 높은 자리에 오를수록 스스로의 공로와 무용담이 많아지게 됩니다. 자연스럽게 교만하게 됩니다.

그런데 다윗을 보십시오. 다윗만큼 고생한 사람이 세상에 없을 텐데, 고생 끝에 낙이 온다고 드디어 그가 왕이 되었습니다. 지금까지는 겸손할 수밖에 없는 상황이라서 겸손하게 살아왔다면, 지난 광야의 삶에서 자기가 고생한 대가로 왕이 되었기에 이제는 어깨 펴고 살면서 자기의 공로를 드러낼 만도 한데, 하나님 앞에 무릎을 꿇고 엎드려 고백하는 다윗의 고백을 들어봅시다. 18절입니다.

> "다윗 왕이 여호와 앞에 들어가 앉아서 이르되 주 여호와여 나는 누구이오며 내 집은 무엇이기에 나를 여기까지 이르게 하셨나이까" (삼하 7:18)

이 고백 속에 깊이 담겨있는 다윗의 마음이 무엇입니까? '하나님, 내가 나를 잘 아는데 나 같은 사람이 도대체 무엇이라고 이렇게 은혜를 베푸십니까?'라고 하면서 왕의 자리에서도 하나님 앞에 겸손함을 잊지 않았다는 것입니다. 대부분 고난 앞에서는 믿음이 강해지고 하나님의 은혜를 받지만 형통의 자리에 나가면 넘어지고 마는데, 다윗은 오히려 왕이 된 이후에 더 많은 은혜와 복을 받는 사람이 되어서, 평생 주의 선하심과 인자하심이 그를 떠나지 않게 된 것입니다.

비록 한 구절이지만 이 구절 안에는 다윗이 하나님으로부터 은혜를 받을 수밖에 없는 이유가 가득 담겨있습니다. 그것을 여러분하고 나눠보려고 합니다.

하나님이 다윗에게 은혜를 베푸신 이유.

첫째, 그는 성공 뒤에도 하나님을 잊지 않고 하나님께 나아가는 사람이었습니다.

"다윗 왕이 여호와 앞에 들어가 앉아서…"(삼하 7:18)

다윗의 위대성이 여기에 있습니다. 동을 책임지는 동장만 되어도, 아니 아파트 주민대표만 되어도 얼마나 할 일이 많습니까. 한적한 시골에서 이장만 되어도 할 일이 많습니다. 제 신학교 친구는 신학교를 졸업하고 바로 농사꾼이 되어서 농촌을 선교하기 위해 젊은 시절부터 시골에서 살았는데 지금 이장이 되었습니다. 성공한 이장이 되어서 텔레비전 이장 모임프로그램에도 나오고 여러

잡지에도 모범사례로 나옵니다. 이장만 되어도 너무 바쁘더군요.

그런데 다윗은 왕이 되었습니다. 얼마나 바쁠까요? 한 나라를 책임지고, 그것도 재임 초기에 몸이 백 개라도 부족할 텐데 다윗은 하나님을 찾는 일을 게을리하지 않았습니다. "다윗 왕이 여호와 앞에 들어가…" 이것은 한 번 한 것이 아니라, 계속되는 행위입니다. 여기서 "앉아서"라는 단어는 "야쇄브"라는 동사로 '오래 머물러 앉다'라는 의미가 있습니다. 잠시 하나님께 눈도장만 찍는 것이 아니라, 그곳에 오래 머물러 있는 사람이었다는 것입니다.

그런데 다윗이 앉았던 곳은 법궤 앞입니다. 그가 법궤를 가지고 온 후 보관할 성전을 지으려고 하나님께 간구했는데, 성전을 지은 것도 아니고, 짓겠다고만 했는데 하나님이 기뻐서 이렇게 많은 복을 약속하셨습니다. 그 소리를 듣고 다윗이 법궤 앞으로 나아가 앉은 것입니다. 보통 법궤 앞에는 두 가지 자세를 취하는데 서 있든지, 혹은 앉는다면 무릎을 꿇고 앉습니다. 지금 다윗은 하나님의 법궤 앞에 앉았다고 하는데, 그렇다면 그는 하나님의 법궤 앞에 무릎을 꿇고 오래 앉아 기도했던 것입니다.

다윗은 이런 사람입니다. 왕이 되었다고 자기가 왕이신 하나님보다 높다고 생각하지 않고, 가장 먼저 한 일이 법궤 앞에 무릎을 꿇고 오래 앉아서 기도합니다. "하나님, 내가 무엇이기에 이런 자리를 허락하셨나이까…. 하지만, 내가 무릎 꿇고 고백하오니 나의 왕은 하나님 오직 당신뿐입니다."

70년대 한국소설 중에 소설가 윤흥길의 『완장』이라는 소설이 있습니다. 사업에 성공한 '최사장'이 저수지 사용권을 얻어 양어장을 만들고 동네에서 할 일 없이 한량으로 낚시나 하면서 지내던 '종술'에게 양어장 관리를 맡깁니다. 처음에는 거절하지만, 나중에는 수락해서 판금 저수지의 양어장을 관리자가 되면서 완장을 차게 됩니다. 그때부터 완장을 차고 저수지를 호령하면서 낚시하는 도시 사람에게 얼차려를 주기도 하고 사람을 때리기도 하면서 완장질을 합니다. 나중에는 저수지로 출근하지 않고 읍내로 나가는 데도 완장을 차고 나갑니다. 그 완장 하나로 무엇이라도 된 것인 양 무소불위의 권력을 가진 것처럼 행동하다가 나중에는 급기야 자기를 고용한 최사장이 저수지에서 낚시하는 것도 못 하게 막는 지경까지 이르게 되면서 해고를 당하는 내용의 소설입니다. 저수지 하나를 지키는 종의 팔뚝에 채워진 완장을 통해 사람에게 주어진 권력이 얼마나 무서운 것인지를 해학적으로 잘 표현한 소설입니다.

저수지 지키는 완장만 차도 변하는 것이 사람입니다. 다윗은 왕이 되었습니다. 왕은 그야말로 모든 것을 가진 사람입니다. 이제 더 이상 그 누구 앞에도 무릎을 꿇는 일이 없는 사람입니다. 그런데, 다윗은 겸손한 사람입니다. 그가 가장 많이 한 일은 여호와 앞에 들어가 무릎을 꿇는 일이었습니다. 하나님이 어떻게 다윗에게 은혜를 베풀지 않으실 수 있겠습니까. 사람이 변해야 하나님도 변해서 은혜를 거두시지, 변하지 않고 겸손한 사람을 하나님이 어떻게 돌보시지 않을 수 있겠습니까. 겸손은 이토록 하나님의 마음을 흡족케 만드는 것입니다. 그래서 야고보서 4:6에도 더욱 더 큰 은혜를 받는 비결을 이렇게 말씀하고 있습니다.

"그러나 더욱 큰 은혜를 주시나니 그러므로 일렀으되 하나님이 교만한 자를 물리치시고 겸손한 자에게 은혜를 주신다 하였느니라"

하나님이 다윗에게 은혜를 베푸신 이유.

<u>두 번째, 자기가 누구인지를 잊지 않는 사람이었습니다.</u>

다윗은 하나님의 법궤 앞에 무릎을 꿇고 "주 여호와여 나는 누구이오며 내 집은 무엇이기에 나를 여기까지 이르게 하셨나이까…"(삼하 7:18) 라고 묻습니다.

이것은 자기가 누구인지 몰라서 묻는 질문이 아니고, 자기가 누구인지 너무 잘 알기에 묻는 질문입니다. "하나님 내가 나를 너무 잘 아는데, 제가 이런 은혜를 받을 자격이 없나이다." 하고 묻는 것입니다. "하나님, 제가 우리 집안을 잘 아는데, 내세울 만한 그런 집안이 아니고, 하나님의 큰 일을 한 그런 가정도, 인물도 아니라는 것을 잘 압니다. 저도 별 볼 일 없고 우리 가문도 별 볼 일 없는 집인 것을 너무 잘 아는데, 도대체 어찌하여 저에게 이런 큰 은혜를 베푸십니까?"라고 묻고 있는 것입니다.

여러분, 자기를 잘 아는 사람은 은혜를 잊어버리지 않습니다. 다윗은 자기를 잘 알았습니다. 자기가 목동이라는 것을 한순간도 잊지 않았습니다. 시편 78편에도 다윗을 이렇게 표현하고 있습니다.

> "또 그의 종 다윗을 택하시되 양의 우리에서 취하시며 젖 양을 지키는 중에서 그들을 이끌어 내사 그의 백성인 야곱, 그의 소유인 이스라엘을 기르게 하셨더니"(시 78:70-71)

다윗은 한순간도 자기가 양의 우리에서 부름을 받은 목동임을 잊지 않았던 것입니다. 자기가 누구인지를 아는 것, 이것이 겸손입니다. 다윗은 왕이 되었을 때 하나님께 이렇게 말하지 않았습니다. "하나님, 드디어 저의 진면목을 보셨군요." 대신 이렇게 말했습니다.

"하나님, 제가 무엇이길래 이토록 큰 은혜를 주십니까?"

교만한 사람은 아무리 큰 일을 맡겨도 작게 감사하고 겸손한 사람은 아무리 작은 일을 맡겨도 크게 감사합니다. 교만한 사람은 나 아니면 누가 이런 일 하겠냐고 하고 겸손한 사람은 나 같은 사람이 어떻게 이런 일을 하느냐고 말합니다. 교만한 사람은 아무도 안 하는 것을 내가 해냈다고 말하고 겸손한 사람은 다 사람들이 도와줘서 이 일을 했다고 말합니다.

겸손한 사람은 자기의 원래의 모습을 잊어버리지 않습니다. 다윗은 하나님 앞에서 한 번도 왕인 척 해본 적이 없습니다. 완장을 찬 종이 완장에 익숙해지다 보니 자기를 고용한 최사장에게 호령하다가 끝내 해고를 당한 것처럼, 다윗은 왕이 된 후, 자기가 하나님보다 높아진 것으로 착각하고 대들다가 버림당하지 않았습니다. 그는 평생 겸손한 사람이었습니다.

하나님이 다윗에게 은혜를 베푸신 이유.

세 번째, 하나님이 이곳까지 이르게 하셨다는 것을 알았던 사람입니다.

그의 고백 중에 "여호와여 나와 내 집이 무엇이길래 나를 여기까지 이르게 하셨나이까"(삼하 7:18) 라는 말은 오늘에 이르기까지 모든 순간을 하나님이 인도하셨다는 고백입니다.

우리가 최근에 많이 부르고 있는 찬송 중에 "은혜"라는 찬송이 이 고백 아닙니까.

"내가 누려왔던 모든 것들이/ 내가 지나왔던 모든 시간이/ 내가 걸어왔던 모든 순간이/ 당연한 것 아니라 은혜였소/ 내가 이 땅에 태어나 사는 것/ 어린아이 시절과 지금까지/ 숨을 쉬며 살며 꿈을 꾸는 삶/ 당연한 것 아니라 은혜였소/ 모든 것이 은혜 은혜 은혜 한없는 은혜/ 내 삶에 당연한 것 하나도 없었던 것은 모든 것이 은혜 은혜였소."(작사가/작곡가 손경민)

다윗이 지금 이 고백을 하는 것입니다. 내가 걸어왔던 모든 순간이 당연한 것 아니라 은혜였고, 나를 이곳까지 이르게 하신 분이 하나님이시라고 지금 다윗이 고백하고 있는 것입니다. 여러분도 이것에 '아멘' 하십니까? 오늘 여러분이 어떤 자리에 있든지, 어떤 집에 살든지 그 모든 길을 인도하신 것은 하나님의 은혜이지, 당연한 것이 아닙니다. 노력했다고 다 성공하는 것도, 돈을 많이 번다고 다 부자가 되는 것도, 좋은 학원을 보낸다고 다 좋은 학교를 가는 것도, 좋은 가문이라고 천대의 복을 계속 누리는 것이 아닙니다. 하나님의 은혜가 아니고는 살 수 없는 것이 인생입니다. 우리의 삶 중에 당연한 것 하나도 없습니다.

만약 공로를 내세우려고 한다면, 다윗만큼 할 말 많은 사람이 어디 있겠습니까? "하나님, 제가 이 자리에 이르는 것은 당연한 일입니다. 제가 광야에서만 10년을 고생하면서 내공을 쌓았고, 젊은 날 골리앗을 이긴 구국 공신이고, 사울 임금의 사위인 왕족이고, 내가 구한 이스라엘의 동네들이 얼마나 많습니까? 하나님의 은혜가 없었다고 해도, 저는 당연히 이 자리에 설 줄 알았습니다." 만약 다윗의 고백이 이러했다면, 그는 그 날부터 하나님께 버림받았을 것입니다. 하나님 없이 걸어왔다고 생각하는 순간, 하나님 없이도 살 수 있다고 생각하는 순간, 하나님 없이 살아보라고 하나님은 그를 떠나실 것입니다.

그러나 다윗은 그렇게 하지 않았습니다. "하나님, 나로 이곳에 이르게 하신 분은 바로 하나님이십니다. 하나님의 은혜가 아니고는 절대로 제가 오늘 이 자리에 있을 수 없습니다." 이 겸손한 자의 고백을 항상 기억하시기 바랍니다.

다윗에게 은혜를 베푸신 이유.

네 번째, 주어진 은혜에 감사하고 만족하는 사람이었습니다.

다윗은 이렇게 고백합니다.

"주 여호와여 주께서 이것을 오히려 적게 여기시고 또 종의 집에 있을 먼 장래의 일까지도 말씀하셨나이다"(삼하 7:19)

무슨 말입니까? "하나님, 제가 지금 받은 은혜만 해도 충분하고 넘칩니다. 지금 받은 은혜만 해도 너무너무 큰 것입니다. 그런데 하나님은 이것도 오히려 적게 여기시고 더 큰 은혜를 저에게 주시겠다니요…" 그는 받을 은혜에만 목을 매는 사람이 아니라, 받은 은혜를 기억하고 감사하는 사람이었습니다.

사람은 받은 은혜를 쉽게 잊어먹고, 받을 은혜에만 목을 매는 경향이 있습니다. 그러나 다윗은 자기에게 주어진 은혜에 대한 감사와 만족을 잊지 않았습니다. "하나님, 지금 받은 은혜만 해도 넉넉하옵니다. 이것이 어떻게 적다 하겠사옵니까…" 이렇게 고백하는 사람에는 오히려 더 큰 은혜를 주고 싶어집니다. 힘들게 주었는데도 감사할 줄 모르는 사람에게는 더 큰 것을 준비해뒀다가도 주지 않고 뒤 춤에 숨기게 되지만, 적은 것을 주었는데도 크게 감사하는 사람에게는 없던 것도 찾아서 더 안겨주게 됩니다. 다윗은 항상 자기에게 주신 은혜에 감사하면서, 감격하면서 과분하게 생각하는 사람이었습니다.

다윗은 항상 겸손하여 받은 것을 감사하고 하나님께 감사를 돌렸습니다. 그랬더니, 그 모습이 아름다웠던지 하나님은 항상 더 큰 은혜를 계속 주신 것입니다. 잠언 22:4에 이렇게 말씀합니다.

"겸손과 여호와를 경외함의 보상은 재물과 영광과 생명이니라"

사랑하는 여러분, 다윗처럼 하나님께서 주신 은혜에 감사하고 만족하시기 바랍니다. 주실 은혜보다 주신 은혜를 잊지 않는 여러분이 되시기 바랍니다. 주실 은혜는 주신 은혜를 기억하는 사람에게 언제나 허락된 약속입니다.

저는 오늘 설교 초반부에 다윗은 은혜로 시작해서 은혜로 끝난 가장 많은 은혜를 받은 사람이라고 했습니다. 그가 그런 은혜의 복을 받을 수 있었던 것은 그의 모든 은혜가 겸손의 바구니에 담겨있었다고 했습니다. 다윗의 겸손은 후손들도 다 알았습니다. 다윗이 얼마나 겸손하게 하나님을 섬기고, 겸손으로 말미암아 하나님께 복을 받았는지. 시편 132:1에 이스라엘 백성들이 증언해주고 있습니다. "여호와여 다윗을 위하여 그의 모든 겸손을 기억하소서." 다윗이 많은 복을 받은 것은 그가 일평생 겸손한 자였다는 것을 후손들도 알고 있었던 것입니다.

사랑하는 여러분, 요즈음 삶이 힘들고 해결해야 할 문제가 많고, 뜻대로 일이 되지 않을 때 가장 먼저 일어나는 일이 이미 주신 은혜를 잊고 사는 것입니다. 모든 것이 은혜였는데 언제부터인가 받은 은혜는 당연히 내가 누리는 권리가 되어버리고, 은혜를 받지 못한 자처럼, 은혜를 받지 못할 자처럼 그렇게 낙망하고 살지 마시기 바랍니다.

언제나 소망을 하나님께 두세요. 이미 주신 은혜를 돌아보고 그 은혜를 감사하고, 주실 은혜를 기다리면서 주님의 능하신 손 아래서 겸손하게 살아가시기 바랍니다. 하나님은 겸손한 자에게, 이 모든 것이 하나님의 은혜 때문이라고 겸손하게 고백하는 사람에게 영원한 생명의 길을 열어주실 것입니다. 아멘.

People under Grace

은혜 입은 사람들 시리즈

09
자격없이 초대받은 은혜, 므비보셋

사무엘하 9:1-13

People under Grace

다윗이 이르되 사울의 집에 아직도 남은 사람이 있느냐 내가
요나단으로 말미암아 그 사람에게 은총을 베풀리라 하니라
사울의 집에는 종 한 사람이 있으니 그의 이름은 시바라 그를 다윗의 앞으로
부르매 왕이 그에게 말하되 네가 시바냐 하니 이르되 당신의 종이니이다 하니라
왕이 이르되 사울의 집에 아직도 남은 사람이 없느냐 내가 그
사람에게 하나님의 은총을 베풀고자 하노라 하니 시바가 왕께 아뢰되
요나단의 아들 하나가 있는데 다리 저는 자니이다 하니라
왕이 그에게 말하되 그가 어디 있느냐 하니 시바가 왕께 아뢰되
로드발 암미엘의 아들 마길의 집에 있나이다 하니라
다윗 왕이 사람을 보내어 로드발 암미엘의 아들 마길의 집에서 그를 데려오니
사울의 손자 요나단의 아들 므비보셋이 다윗에게 나아와 그 앞에 엎드려 절하매
다윗이 이르되 므비보셋이여 하니 그가 이르기를 보소서 당신의 종이니이다
다윗이 그에게 이르되 무서워하지 말라 내가 반드시 네 아버지 요나단으로
말미암아 네게 은총을 베풀리라 내가 네 할아버지 사울의 모든 밭을 다
네게 도로 주겠고 또 너는 항상 내 상에서 떡을 먹을지니라 하니
그가 절하여 이르되 이 종이 무엇이기에 왕께서 죽은
개 같은 나를 돌아보시나이까 하니라
왕이 사울의 시종 시바를 불러 그에게 이르되 사울과 그의 온
집에 속한 것은 내가 다 네 주인의 아들에게 주었노니
너와 네 아들들과 네 종들은 그를 위하여 땅을 갈고 거두어 네 주인의 아들에게
양식을 대주어 먹게 하라 그러나 네 주인의 아들 므비보셋은 항상 내 상에서
떡을 먹으리라 하니라 시바는 아들이 열다섯 명이요 종이 스무 명이라
시바가 왕께 아뢰되 내 주 왕께서 모든 일을 종에게 명령하신 대로 종이
준행하겠나이다 하니라 므비보셋은 왕자 중 하나처럼 왕의 상에서 먹으니라
므비보셋에게 어린 아들 하나가 있으니 이름은 미가더라
시바의 집에 사는 자마다 므비보셋의 종이 되니라
므비보셋이 항상 왕의 상에서 먹으므로 예루살렘에
사니라 그는 두 발을 다 절더라

왕의 몰락은 필연적으로 그 왕과 함께한 고관대작들과 관료를 포함하여 직계가족과 일가 친인척의 몰락과 패망으로 이어집니다. 사울 임금이 길보아 전투에서 아들 셋과 함께 전사하고 사울 왕조가 끝이 납니다. 그때부터 사울 임금에게 갖은 고초를 당했던 다윗이 왕이 되고 다윗 왕조가 시작됩니다. 이때 가장 먼저 무슨 일을 하게 될까요? 사울 임금과 그 집안 사람들을 모두 죽이는 것입니다.

그런데 다윗은 그렇게 하지 않습니다. 세상의 방식과 반대의 길을 걷습니다. 오히려 사울 임금의 죽음을 그 누구보다 슬퍼하며 애통해함으로써 백성들의 마음에 감동을 주었고, 투항하던 '아브넬'을 '요압'이 죽이자, 애가를 지어 통곡하며 애도함으로써 투항을 주저하던 사람들의 마음을 안심하게 하고, 배척이 아니라 포용으로 나라를 세우게 됩니다.

다윗은 죽이고 숙청하고 제거하는 방식으로 나라를 세우지 않고, 품어주고 함께 울고, 거두어들이는 방식으로 나라를 세우게 됩니다. 다윗은 품이 넓은 사람이었습니다. 그렇게 했을 때 오히려 두 지파와 열 지파로 나누어졌던 이스라엘은 신속하게 하나로 통합되었고 태평성대를 이루었습니다.

백성들의 마음이 하나로 모이니 강력한 힘이 생기게 되었습니다. 하나가 된 힘으로 주변 국가들을 하나하나 점령해 나갑니다. 서쪽으로는 블레셋으로부터, 위로는 '다메섹'과 '아람', 동쪽으로는 '모압'과 '에돔', 남으로는 '아말렉'까지 모두 점령하게 되었으니 다윗의 나라를 사무엘하 8:6 후반부에는 이렇게 표현하고 있습니다.

"…다윗이 어디로 가든지 여호와께서 이기게 하시니라"

어느 정도 왕권이 안정되고 주변 나라들과도 전쟁이 마무리되면서 다윗 왕국이 든든하게 세워지게 되었습니다. 모든 것이 다 이루어진 것 같은 그 때, 오히려 다윗의 마음에 풀지 못한 숙제 같은 것이 떠오릅니다. 그것은 자기가 가장 힘들 때 생명까지도 아끼지 않고 내어주던 친구 '요나단'에게 은혜를 갚는 것이었습니다. 그러나 요나단은 이미 죽었고, 그에게 은혜를 갚자니 그의 가족을 찾아서 은혜를 베푸는 것밖에 없었습니다. 그 내용이 9:1입니다.

> "다윗이 이르되 사울의 집에 아직도 남은 사람이 있느냐 내가 요나단으로 말미암아 그 사람에게 은총을 베풀리라 하니라"(삼하 9:1)

다윗은 요나단에게 받은 은혜를 잊어버리지 않고, 요나단 집안 사람에게 은혜를 대신 갚고자 합니다. 다윗이 이렇게 한 것은 요나단과 세운 언약 때문입니다. 사무엘상 20:15에 요나단이 다윗에게 마지막 부탁 하나를 합니다. 요나단은 이미 자기의 왕조가 멸망하고 다윗이 왕이 될 것을 알았습니다. 그래서 다윗의 생명을 살려주면서 한 가지 언약을 맺습니다.

> "여호와께서 너 다윗의 대적들을 지면에서 다 끊어 버리신 때에도 너는 네 인자함을 내 집에서 영원히 끊어 버리지 말라 하고"(삼상 20:15)

다윗이 그 날 요나단과 맺은 언약을 기억하고 요나단 집안 사람에게 은혜를 베풀고자 한 것입니다. 요나단 집에서 일하던 종 하나를 불러 요나단 집안의 사정을 묻습니다.

"왕이 이르되 사울의 집에 아직도 남은 사람이 없느냐 내가 그 사람에게 하나님의 은총을 베풀고자 하노라 하니 시바가 왕께 아뢰되 요나단의 아들 하나가 있는데 다리 저는 자니이다 하니라"(삼하 9:3)

사울 왕의 종이었던 '시바'는 다윗이 '므비보셋'을 챙기는 것을 못마땅하게 여긴 것 같습니다. 므비보셋이라는 이름도 가르쳐 주지 않고, 그냥 "요나단의 아들 하나가 있는데 다리를 저는 자입니다."라고 그의 신체 특징만을 말하고 있습니다.

요나단의 아들 므비보셋이 살아있는데 다리를 저는 장애인이 되어 있었습니다. 13절에 보면 한쪽 다리만 저는 것이 아니라 두 다리를 다 저는 장애인이 되어 있었습니다. 시바가 "다리를 저는 자니이다."라고 말한 것은, 그 당시 장애인은 왕궁에 들어오지 못했기 때문입니다. 시바의 말의 뜻은 "요나단의 아들이 있으나 왕궁에 불러들일 만한 사람이 못 됩니다."라고 말한 것입니다.

그러나 다윗은 아랑곳하지 않고 당장 데리고 오라고 합니다. 그의 거처를 물어보니 로드발 암미엘의 아들 마길의 집에 있다고 합니다. '로드발'은 '목초가 없는 황무지'라는 뜻입니다. 므비보셋이 나무도 풀도 없는 광야에서 살고 있었던 것입니다. 갑자기 다윗 왕 앞에 끌려오다시피 한 므비보셋이 왕 앞에 엎드려 있습니다. 다윗이 그의 이름을 부릅니다. "므비보셋이여" 므비보셋이 대답합니다. "보소서 종이 여기 있나이다." 이렇게 다윗과 므비보셋의 이야기가 진행됩니다.

자, 이제 카메라의 앵글을 돌려 므비보셋을 주인공으로 해서 다시 시작해 보겠습니다. 왕인 사울 할아버지와 왕자인 요나단의 아들로 태어난 므비보셋은 그야말로 금수저로 태어났습니다. 시간이 가면 아버지가 왕이 되고, 시간이 더 흐르면 그가 왕이 되는 왕족입니다. 그런데 그의 나이 다섯 살 되던 때 할아버지와 아버지가 블레셋과의 전쟁에 나가서 싸우다가 길보아 전투에서 모두 전사를 하게 됩니다. 그리고 다윗이 왕이 됩니다. 순간 사울 임금 집안의 사람들은 블레셋 군대와 다윗의 군대를 피해서 급하게 도망하게 됩니다.

그런데 도망가다가 유모가 그를 떨어뜨려 그만 두 다리를 모두 절게 됩니다. 후천적 장애인이 된 것입니다. 목발 없이 걸을 수 없고, 들키면 죽게 되고, 부모도 없이 자란 므비보셋의 인생이 얼마나 불쌍합니까. 이 셋 중의 하나만 겪어도 불쌍한데 므비보셋은 고아로, 장애자로, 도망자로 숨어 살아야 했습니다. 그런데 어떻게 알았는지 다윗 왕이 자기를 찾아내어 왕궁으로 당장 소환을 합니다.

이제 드디어 올 것이 왔구나. 그는 마치 도살장으로 끌려가는 양처럼 다윗의 궁으로 끌려갑니다. 다윗 앞에 끌려와 고개도 들지 못하고 므비보셋은 죽은 자처럼 엎드려 있습니다. 당장에라도 여봐라, 저놈을 죽여라! 하는 소리가 들릴만한데, 자기를 부르는 다윗의 목소리가 너무 따뜻합니다. "네가 므비보셋이냐?" 그러자 대답합니다. "예, 제가 당신의 종 므비보셋입니다." 다시 다윗의 말이 이어집니다. "므비보셋이여, 내가 너의 아비 요나단에게 많은 사랑의 빚을 졌다. 너의 아버지와 내가 옛날에 언약을 하나 세웠다. 요나단의 집안 사람을 지켜주는 것이다. 내가 이제 그 언약을 기억하고 지키려 하노라. 내가 지금부터 너에게 은혜(헤세드)를 베풀어 주겠다. 네 아버지의 땅뿐 아니라 할아버지 사울에게 속한 땅을 너에게 모두 되돌려 주겠다. 그리고 너는 오늘부터 내 아들이다. 이제 다른 왕자들과 똑같이 왕자의 옷을 입고 왕궁에 거하면서 나의 식탁에서 식사하도록 하여라. 너의 생명을 내가 지켜주겠다."

지금 므비보셋에게 은혜가 임한 것입니다. 헤세드의 은혜. 그 말을 들은 므비보셋의 반응은 그가 어떤 자아상을 가지고 지금까지 살아왔는지를 보여주는 가슴 먹먹하고도 뭉클한 고백을 합니다.

"그가 절하여 이르되 이 종이 무엇이기에 왕께서 죽은 개 같은 나를 돌아보시나이까 하니라"(삼하 9:8)

"이 종이 무엇이기에 죽은 개 같은 나를 돌보시나이까." 원어를 그대로 해석해서 옮기면 "이 종이 무엇이기에 저를 돌보십니까? 저는 죽은 개입니다." 이 고백은 약간 차이가 있습니다. "죽은 개 같은 나"가 아니라, "나는 죽은 개입니다"라고 말한 것입니다. 훨씬 더 비참한 고백입니다. 그러나 죽은 자였던 므비보셋에게 헤세드의 은혜가 임하니 어떤 일이 일어납니까? 죽었던 모든 것이 살아나는 기적이 일어났습니다. 빼앗겼던 신분이 회복되어 그가 다시 왕자로 살게 되었습니다. 빼앗겼던 재산이 모두 회복되었습니다. 도망자에서 왕의 식탁에서 음식을 먹는 자로 바뀌었습니다. 빼앗겼던 세마포 옷을 다시 입게 되었습니다. 헤세드가 임하니 완전히 모든 것이 다시 회복되었습니다.

이것이 은혜입니다. 헤세드가 임하면 신분의 회복, 신분에 어울리는 소유의 회복, 죽은 개와 같은 운명에서 살아있는 왕자로 완전히 존재의 변화가 일어나게 됩니다. 이것이 은총, 은혜, 헤세드가 임할 때 일어나는 역사입니다.

자, 여기에서 므비보셋이 어떤 공로가 있어서 이런 회복이 일어난 것이 아닙니다. 므비보셋에게 헤세드, 은혜가 임한 단 한 가지 이유는 '요나단과 세운 언약' 때문입니다.

"…네 아버지 요나단으로 말미암아 네게 은총을 베풀리라…"

(삼하 9:7)

므비보셋이 받는 은혜는 므비보셋 때문이 아니라 그의 아버지 요나단 때문입니다.

우리는 므비보셋과 다윗의 모습에서 하나님과 우리의 모습을 봅니다. 다윗이 므비보셋에게 은혜를 베푼 것은 요나단 때문입니다. 요나단과 맺은 언약 때문입니다. 마찬가지로, 하나님이 우리를 구원하신 것은 우리 때문이 아니라 예수님 때문입니다. 우리가 하나님의 은혜를 받는 것은 예수님 때문이지 우리가 잘나서 받는 것이 아닙니다.

히브리어에는 은혜라고 해석될 수 있는 세 종류의 단어가 있는데, 무조건적으로 베푸는 은혜인 '헤세드', 자비에 가까운 '라함', 호의로 해석할 수 있는 '헨'입니다. 그런데 이 세 가지 중에서 가장 강력한 은혜는 '헤세드'입니다. 이것은 무조건적으로 베푸시는 은혜이고, 변하거나 파괴할 수 없는 은혜입니다. 'Unbreakable grace!'

다윗이 므비보셋에게 은총을 베푼다고 할 때 사용한 단어는 '헤세드'입니다. 다윗이 므비보셋에게 은혜를 베푸는 이유는 단 한 가지, 요나단 때문입니다. 요나단의 후손을 책임지기로 약속을 했기 때문입니다. 그런데 요나단이 살아있다면 다시 불러서 약속을 수정할 수도 있고 취소할 수도 있지만, 요나단이 죽었으니 그 약속은 영원히 지켜야 할, 변할 수 없는 약속이 되었습니다. 그래서 다윗은 요나단과 세운 언약 때문에 므비보셋을 무조건 살려주고 보호해주는 은혜를 베푼 것입니다.

하나님이 우리를 구원하시는 이유도, 우리에게 무슨 선함이나 구원할 만한 것이 있어서가 아니라 예수님의 공로 때문에 우리가 은혜를 입는 것입니다. 하나님이 예수 그리스도를 보고 우리를 구원하십니다. 성부 하나님과 성자 예수님이 서로 언약한 것은 하나님과 하나님 간의 약속이기 때문에 수정되거나, 취소되지 않는 영원한 언약이 되는 것입니다.

그래서 우리의 구원이 취소되지 않는 것이고, 우리의 구원을 누구에게 빼앗기지도 않는 것입니다. 이것을 사도행전에 이렇게 기록합니다.

"그러나 우리는 그들이 우리와 동일하게 주 예수의 은혜로 구원을 받는 줄을 믿노라 하니라" (행 15:11)

또한 에베소서는 이렇게 말씀합니다.

"허물로 죽은 우리를 그리스도와 함께 살리셨고 (너희는 은혜

로 구원을 받은 것이라)"(엡 2:5)

누구의 은혜요? 예수님의 은혜. 나의 공로로 된 것이 하나도 없는 줄 믿습니다. 나는 죄와 허물로 죽은 죄인일 뿐이지, 노력으로 구원을 받을 능력이 전혀 없는 사람임을 알아야 합니다.

성경 속에서 여러분은 누구를 제일 많이 닮았습니까? 어떤 인물을 보면 가장 은혜가 되고, 감동되고, 도전되고, 예수님께 고마움을 느낍니까? 여러분은 누구를 제일 많이 닮았나요? 모세를 닮았나요? 다윗을 닮았나요? 온유한 노아를 닮았나요? 아닐 것입니다. 므비보셋을 가장 많이 닮았을 것입니다.

버려진 인생, 혼자 힘으로 살아갈 수 없는 인생, 죽음에서 도망치는 인생이 므비보셋입니다. 우리는 어떻습니까? 에덴동산에서 쫓겨난 인생, 그날부터 죽음을 향해 달려가는 인생, 혼자 힘으로 살 수 없는 무능한 인생, 누가 나타나 살려주지 않으면 살 수 없는 인생, 자력으로 자기를 구원하여 지옥 가는 인생을 천국으로 바꾸어 놓을 능력이 전혀 없는 운명의 사슬에 묶여서 사는 인생이 우리의 인생입니다.

므비보셋은 다리를 저는 사람이라 장애인이라 했지만, 우리의 모습은 어디 다른 모습이던가요?

눈이 있어도 하나님을 보지 못하는 시각장애인,
귀가 있어도 음성을 듣지 못하는 청각장애인,
입이 있어도 기도하지 않고 찬송하지 않는 언어장애인,
손이 있어도 봉사하지 못하는 지체장애인,
발이 있어도 전도하지 못하는 지체장애인,
우리의 힘으로는 단 한걸음 천국으로 걸어갈 수 없는 지체장애인, 바로 우리의 모습입니다.

유명한 강해 설교자이면서 댈러스 신학교 총장이었던 찰스 스윈돌(Charles Swindoll)은 그의 책 『은혜의 각성』(Grace Awakening)이라는 책에서 므비보셋의 이야기를 아주 감동적으로 그려주고 있습니다.

"저녁 만찬을 알리는 종이 왕궁에 울려 퍼지자, 다윗이 식탁 상석에 자리를 잡고 앉았습니다. 얼마 후 영리하고 간교한 '암논'이 다윗의 왼쪽에 자리를 잡습니다. 사랑스럽고 우아한 '다말', 매력적이고 아름다운 이 젊은 여인이 도착하여 암논 옆에 앉았습니다. 저쪽에서 열심히 공부하던 '솔로몬'이 천천히 걸어옵니다. 다윗의 뒤를 이어 왕위에 오를 것이 분명해 보이는 이 아들은 조숙하고 영리하며 공부에 여념이 없는 왕자입니다. 그리고 '압살롬'. 잘생기고 쾌활한 압살롬이 어깨까지 늘어진 까맣고 아름다운 머릿결을 찰랑거리며 등장합니다. 그 특별한 날 저녁, 용맹한 전사이자 다윗 군대의 사령관인 '요압'이 만찬에 초대받았습니다. 구릿빛의 근육이 돋보이는 요압이 왕 옆에 자리를 잡았습니다. 다 모인 그들이 누군가를 기다리고 있습니다. 발을 질질 끄는 소리가 들리고, 철커덕 철커덕 목발 소리 요란하게 '므비보셋'이 등장하여 조금은 어색한 듯 자기 자리를 찾아 쓰윽 의자에 앉습니다. 그는 식탁보로 자신의 발을 가립니다. 한 가지 묻겠습니다. 이 순간 므비보셋은 은혜가 무엇인지 알았을까요?"

20대에 읽었던 이 부분이 너무 감동적으로 다가와 아직도 머릿속에 생생합니다. 이 이야기를 기억할 때마다 저는 천국에서의 모습을 이렇게 상상해보곤 합니다.

천국의 저녁 식사 시간이 되었습니다. 저녁 식사 시간을 알리는 종이 울리고 예수님께서 제일 먼저 식탁의 상석에 앉으십니다. 얼마 후 수염을 길게 기른 교양미 흐르는 '모세'가 들어와 예수님께 가벼운 목례를 하고 왼쪽에 앉습니다. 조금 후 찬란한 옷을 입은 '에스더'가 '미스 페르시아(페르시아 최고의 미녀)'의 위용을 과시하듯 사뿐히 걸어와 그 옆에 앉습니다. 갑자기 분위기 있는 음악이 들리는가 하더니 '다윗'이 하프를 연주하면서 환한 얼굴로 들어와 예수님께 인사를 하고 자리에 앉습니다.

성큼성큼 발소리도 자신감 넘치게 들어오는 사람이 있는데 보니 수염이 덥수룩한 '베드로'가 시장함이 충만한 얼굴로 들어오면서 한쪽 눈으로 예수님께 윙크를 하고 자기 자리에 앉습니다. 조금 후에 대머리가 반짝반짝하는 '바울'이 볼록 나온 배를 쓰다듬으면서 두꺼운 책을 허리춤에 끼고 들어와 앉자마자 책을 펴서 읽고 있습니다. 예수님의 비어있는 오른편 자리에는 모든 천군과 천사를 관장하는 '미가엘' 천사장이 예수님 옆을 지키고 앉았습니다. 조급한 베드로가 헛기침 한 두 번을 하더니, "예수님 이제 식사하시지요." 하면서 포크를 집어 듭니다. 그때, 예수님께서 "아직 아니야. 잠시만, 한 사람이 더 와야해…."

그때 저만치 복도 끝에서 발소리가 들립니다. 그 발걸음 소리만 들어도 자신 없는 발걸음입니다. 두 발짝 걸어오다가 세 발짝 뒤로 물러나는 듯, 서성이는 발소리입니다. 그 발걸음 소리는 많이 지쳐있고, 고단한 발자국입니다.

점점 그 발소리가 가까워지고 있습니다. 모세도, 에스더도, 다윗도, 베드로와 바울도 모두 시선이 그 걸음으로 향해 있습니다. 드디어 문소리가 들리고, 그 발자국의 주인공이 들어옵니다. 그 사람은 바로 당신입니다.

예수님이 반갑게 일어나 당신의 이름을 부릅니다. 그리고 예수님을 정면으로 보는 맞은편 식탁에 앉힙니다. 당신의 엉덩이가 식탁에 닿는 순간 천국의 저녁 만찬의 음악은 다시 울리고 축제 같은 저녁 식사가 시작됩니다.

그때 여러분은 예수님을 쳐다보며 눈으로 묻습니다. "예수님, 제가 무엇이기에, 저를 이리 대하시나이까…"

그때 예수님도 눈으로 이렇게 말씀하십니다. "그 자리는 너를 위해 태초부터 남겨둔 자리였단다. 영원토록 이 자리에서 나와 함께 왕의 식탁에 참여하도록 하여라."

잔칫집 같은 천국의 저녁 식사를 바라보는 사람이 있습니다. 예수 믿는다고 여러분을 조롱했던 사람들입니다. 예수님을 믿는 것 때문에 고난을 주고, 불에 던지고, 칼을 휘두르고, 사자를 풀어 물어뜯게 했던 사람들.

지금은 지옥에서 소리치며 날 살려달라는 그 사람들 눈에 식탁에 앉은 여러분이 보이는 것입니다. 그 모습을 바라보는 것이 지옥 불의 고통보다 더 큰 고통입니다.

> "주님께서는 내 원수들이 보는 앞에서 내게 잔칫상을 차려주시고 내 머리에 기름을 부으시어 나를 귀한 손님으로 맞아주시니 내 잔이 넘칩니다." (시 23:5 새번역)

은혜가 무엇입니까? 부름을 받을 수 없는 자가 부름을 받아, 될 수 없는 신분인 하나님의 자녀가 되어, 먹을 수 없는 자리에 매일 초대되어 영원한 왕의 식탁에 함께하는 자가 된 것, 이것이 은혜입니다.

오직 예수님이 십자가 위에서 죽으심으로 나에게 하나님이 은혜를 베푸실 조건을 충족하시고, 예수 그리스도의 공로 때문에 아무 공로 없는 나를 하나님의 자녀로 입양하시고, 평생 천국 식탁에서 먹고 살아가는 왕의 자녀가 되었으니, 이것이 곧 헤세드의 은혜입니다.

오늘 모세와 다윗, 베드로와 바울, 그리고 천군 천사가 시중드는 영광의 자리에 여러분 모두 반드시 초대받을 수 있기를 주님의 이름으로 축복합니다.

People under Grace

은혜 입은 사람들 시리즈

10
손 잡아 주시는 은혜, 야베스

역대상 4:9-10

야베스는 그의 형제보다 귀중한 자라 그의 어머니가 이름하여 이르되
야베스라 하였으니 이는 내가 수고로이 낳았다 함이었더라
야베스가 이스라엘 하나님께 아뢰어 이르되 주께서 내게 복을 주시려거든
나의 지역을 넓히시고 주의 손으로 나를 도우사 나로 환난을 벗어나
내게 근심이 없게 하옵소서 하였더니 하나님이 그가 구하는 것을 허락하셨더라

People under Grace

이제 야베스의 이야기로 들어가 보겠습니다. 은혜 입은 사람 중에 열 번째 주인공은 야베스입니다. 역대하 1~9장까지 사람들의 이름만 등장하는데, 그 가운데 '야베스'의 이야기는 보석 같습니다. 모두 이름만 소개하는 방식으로 지나가는데 야베스의 이야기는 가장 길게 소개되고 있습니다. 성경이 우리에게 야베스의 기도를 통해 꼭 가르쳐 주고 싶은 부분이 있는 것 같습니다. 야베스의 기도를 주문처럼 외운다고 응답이 되는 것이 아니고, 우리의 진실한 고백이 되어야 합니다.

그렇다면 그가 어떤 은혜를 받았는지를 함께 살펴보겠습니다. 야베스는 그의 형제들보다 귀중한 자라고 합니다. 형제들이 여러 명 있었던 것 같습니다. 몇 명이었는지는 알 수 없습니다. 그런데 그 형제 중에 가장 존귀한 사람이라고 말합니다. 영어로, 'most honorable.' 가장 영광스러운 사람이 되었다는 말입니다.

왜 이렇게 야베스가 형제 중에 존귀한 자가 되었다고 강조하고 있는 것일까요? 그의 시작은 존귀하지 못했기 때문입니다. 야베스의 인생은 시작과 끝이 완전히 다른 반전이 이야기입니다. 그의 이름 야베스의 뜻은 "슬픔, 고통"(Pain and sorrow)입니다. 태어날 때 어머니가 그의 이름을 슬픔 또는 고통이라고 지어주었던 것입니다. 어느 부모가 자식의 이름을 '슬픔, 고통'이라고 지어줄까요? 그 이유를 오늘 본문에서 말하고 있습니다.

"…그의 어머니가 이름하여 이르되 야베스라 하였으니 이는 내가 수고로이 낳았다 함이었더라"(대상 4:9)

그의 어머니가 야베스를 출산할 때 수고로이, 슬픔 중에, 고통 중에 낳았기 때문에 그 이름을 야베스라고 지었습니다. 무슨 슬픔과 고통이었는지 몇 가지 추측을 해볼 수 있습니다. 먼저 산통이 너무 심해서 거의 죽을 고생을 하면서 아이를 낳았다고 해서 고통이라고 부를 수 있습니다. 또는, 어머니가 역사의식이 뛰어나서 그 당시 시대상이 암울했기에 시대의 정서를 담아서 이름을 슬픔과 고통이라고 지을 수 있습니다. 선지자들이 그런 식으로 자녀의 이름을 짓는 경우들이 있었습니다.

그러나 야베스의 어머니가 이런 시대상을 담아서 자식의 이름을 지었다고 보기에는 어려운 부분이 있습니다. 어머니가 선지자나 그만한 위치에서 나라를 이끌던 여인이 아니기 때문입니다.

세 번째는 야베스의 몸에 고통과 슬픔이 될 만한 신체적인 아픔을 가지고 태어났을 수도 있다는 것입니다. 태어난 아기를 보니 앞으로 신체적 아픔 때문에 겪고 살아야 할 인생이 너무나 마음이 아파, 그의 이름을 슬픔과 고통이라고 지어줬다는 것입니다. 일면 상당히 설득력이 있는 견해입니다.

그리고 네 번째 가능한 추측은 야베스를 낳을 때 집안 사정이 고통스럽고 슬픔이 가득한 환경이었기에 태어난 아들이 앞으로 이런 가정환경에서 살아갈 것을 생각하니 고생길이 훤하다고 여겨져 그의 이름을 고통과 슬픔이라고 지었다는 것입니다. 이것은 가장 설득력이 있는 해석으로 봅니다. 저 또한 이 견해에 찬성합니다. 야베스의 삶이 고생과 눈물이 펼쳐진 인생으로 출발했다는 것입니다.

왜 네 번째가 가장 설득력 있는지를 조금 더 설명해 드리겠습니다. 야베스의 이름을 아버지가 아닌 어머니가 붙여줍니다. 당시로써는 어머니가 아이의 이름을 붙여주는 것은 아버지가 없을 때만 가능합니다. 그렇다면, 야베스는 아버지 없이 엄마가 혼자 고통 중에 출산한 것입니다. 당시 상황으로는 아버지 없이 어머니 밑에서 자라야 하는 야베스의 인생길에는 고생이 보장되어있었습니다.

　야베스에게 형제들이 있었다고 했습니다. 형들일까요? 동생들일까요? 형들입니다. 야베스는 막내입니다. 야베스가 태어날 때 아버지가 없었는데, 어떻게 동생들이 태어날 수 있겠습니까. 손 위 형들은 모두 아버지와 어머니가 있을 때 태어났는데, 야베스는 아버지 없이 어머니 혼자 수고로이 낳은 것입니다. 따라서 야베스는 막내로써 아버지를 모르고 태어난 자식입니다.

　그렇다면, 아버지는 어떻게 된 것일까요? 이혼한 것일까요? 아닙니다. 죽었습니다. 만약 이혼했다면 형들과 야베스의 양육권은 아버지가 가지고 아버지가 키웠을 것입니다. 그런데 지금은 어머니가 키우는 것으로 봐서 이혼이 아니라 사별입니다. 야베스를 임신하고 남편이 죽은 것 같습니다. 그래서 어머니는 혼자 그 힘든 가정을 짊어지게 되었고 남편을 잃은 슬픔과 눈물로, 만삭에도 식구를 먹여 살리는 고통으로, 그리고 점점 커지는 산통으로 힘든 시간을 보낸듯합니다. 그런 와중에 아이가 태어났으니 어머니가 그의 이름을 고생과 눈물이라는 야베스로 짓는 것도 이해가 되는 부분입니다.

　야베스는 바로 이런 환경에서 태어났습니다. 모르긴 몰라도, 어머니가 태어난 아기를 보면서 많은 생각이 든 것 같습니다. "너는 왜 이렇게 나에게 큰 산통을 주면서 태어났니? 그리고 지금 형들을 키우는 것만으로도 감당이 안 되는데, 네가 이 세상에 나와서 나에게 고통을 더하는구나… 나도 고통이고 너도 고통이구나…"

태어난 야베스는 어떻겠습니까? 야베스는 막내였습니다. 장자가 아니기에 아버지의 유산이 있다고 해도 막내에게까지 돌아올 게 없는 듯 보이는 집안입니다. 정말 야베스의 인생 앞에 붙잡을만한 소망이 하나도 없이 태어났습니다. 야베스는 시작부터 고통과 눈물의 인생이었으며 그야말로 흙수저로 태어났습니다. 그런데 도대체 무슨 일이 있었던 것인지 오늘 성경은 그를 이렇게 묘사하고 있습니다. "야베스는 그의 형제보다 귀중한 자라" 좀 더 풀어 쓰면, '야베스는 그의 형제들보다 존귀한 자가 되었다.'는 뜻입니다. 야베스에게 무슨 일이 일어난 것이 틀림없습니다.

야베스는 열악한 환경에서 시작하여 고통이라는 반갑지 않은 이름을 가지고 인생을 시작했지만, 결국은 존귀한 사람이 되었습니다. 도대체 야베스에게 무슨 일이 일어난 것일까요?

그 이유를 10절에서 찾을 수 있습니다. 바로 유명한 야베스의 기도에서 답을 찾을 수 있습니다.

"야베스가 이스라엘 하나님께 아뢰어 이르되 주께서 내게 복을 주시려거든 나의 지역을 넓히시고 주의 손으로 나를 도우사 나로 환난을 벗어나 내게 근심이 없게 하옵소서 하였더니 하나님이 그가 구하는 것을 허락하셨더라"(대상 4:10)

이 기도는 주문처럼 외우면 누구나 야베스와 같이 응답받는 주문 기도가 아닙니다. 야베스가 하나님 앞에 절절히 드린 간절한 마음의 고백이 하나님의 마음을 움직였다고 봐야 합니다. 자, 그렇다면, 야베스는 어떤 마음을 담아 하나님께 간절하게 기도한 것일까요? 그 기도를 함께 살펴보도록 하겠습니다.

첫째, 그는 가장 어려울 때 하나님을 찾았습니다.

10절은 이렇게 시작합니다. "야베스가 이스라엘 하나님께 아뢰어…" 야베스가 하나님을 찾아간 것입니다. 야베스가 힘이 들어 하나님을 찾아갔다는 것은 너무 당연한 일일 수도 있지만, 이것은 또한 슬픈 일이기도 합니다. 사람이 하나님을 찾을 때는 찾아갈 이가 하나님밖에 없기 때문입니다. 사람이 왜 교회에 와서 운다고 했나요? 울 곳이 교회밖에 없기 때문이라고 했습니다. 야베스가 하나님을 찾아와 아뢰었다는 것은 하나님 외에 찾아갈 사람이 없었다는 뜻입니다.

야베스는 어려울 때 어머니를 찾아갈 수 없었습니다. 어머니가 더 힘들었기 때문입니다. 형들을 찾아갈 수 없었습니다. 형들이 그를 돌보지 않았기 때문입니다. 아버지를 찾아갈 수 없었습니다. 아버지가 돌아가셨기 때문입니다. 오직 찾아갈 곳은 하나님밖에 없었습니다.

그러나 여러분, 도와줄 사람이 없는 것은 슬픈 일이지만 그것 때문에 하나님을 찾게 되었다면 그 사람은 가장 복된 곳으로 나온 것입니다. 하나님 앞에 나와서 야베스는 기도합니다. "하나님이여 내게 복을 주소서. 나를 도와줄 이는 하나님밖에 없나이다."

갈 곳이 많지만 그래도 내가 일요일에 교회 와준다고 하는 사람보다, 아무 곳도 갈 곳이 없어 주일에 교회 오게 된 사람은 복된 사람입니다. 하나님이 그를 그냥 돌려보내지 않으실 것입니다.

다른 것도 많이 있으면서 하나님도 믿는 사람에 비해, 다른 것은 하나도 없어서 하나님만 붙드는 사람은 결코 불쌍한 사람이 아닙니다. 이런 찬양이 떠오릅니다. "주님과 같이 내 마음 만지는 분은 없네. 오랜 세월 찾아 난 알았네. 내겐 주밖에 없네."

야베스는 가장 힘들 때 하나님을 찾아와서 기도했습니다. 이런 말이 있죠. "넘어져도 뒤로 넘어지지 말고 앞으로 넘어져라." 그래야 돈이라도 줍고 일어선다는 말이지요. 우리가 넘어져도 하나님 앞으로 넘어져야 합니다. 그래야 하나님의 도움을 받습니다. 불상 앞에서 넘어지거나, 성황당 앞에서 넘어지지 말고, 하나님 앞에서 넘어지시기 바랍니다.

저희 아내가 춘천에서 여고를 다닐 때 선생님 중에 한 분이 늘 수업시간에 "얘들아, 아무 데서나 넘어지지 마라. 넘어지더라도 서울대 앞에서 넘어져야 한다. 그래야 너희들 인생이 핀다. 알겠지?"라고 했다는 것입니다.

그런데 우리 집사람은 서울대 앞에서 넘어지지 않고, '침신대(침례신학대학교)' 도서관 앞에서 넘어져서 저를 만났습니다. 그날 새벽기도 마치고 가는 길에 도서관 앞에서 계단을 잘못 밟아 손에 있는 수첩을 떨어뜨리면서 우리의 운명적 만남은 시작된 것입니다. 사람이 어디서 넘어지는지가 중요합니다. 넘어져도 하나님 앞에서 넘어져야 하나님의 도움을 받습니다.

아무 도움이 없었던 야베스는 하나님을 찾아가서, 하나님 앞에 엎드려 나를 불쌍히 여겨달라고, 내게 복을 달라고 기도했던 것입니다. 다른 데 찾아가지 않고 하나님을 찾아온 야베스의 간절한 마음이 하나님의 마음을 움직인 것 같습니다. 하나님은 찾아오는 자를 외면하지 않으십니다.

은혜는 누가 받습니까? 하나님을 찾아온 사람, 하나님 앞에 엎드리는 사람, 하나님 앞에 넘어져서 날 좀 불쌍히 여겨달라고 기도하는 사람에게 은혜를 주십니다. "그러므로 우리는 긍휼하심을 받고 때를 따라 돕는 은혜를 얻기 위하여 은혜의 보좌 앞에 담대히 나아갈 것이니라"(히 4:16) 야베스는 자기 힘으로는 고통이라는 운명적 이름을 벗어나지 못함을 알고, 어머니도, 가족도, 그 누구도 아닌 은혜의 보좌 앞으로 나아가 하나님을 찾은 것입니다.

둘째, 그는 고통 중에 하나님의 손을 붙잡았습니다.

고통 중에 하나님을 찾아와 엎드린 그가 하나님 앞에 이렇게 기도합니다. "주의 손으로 나를 도우사…" 무슨 뜻입니까? "하나님, 나를 도와줄 손길이 어디에도 없습니다. 어머니도, 형제들도, 그 누구도 나의 손을 잡아주지 않습니다. 그러므로 하나님, 구하오니 주의 손으로 나를 도와주십시오."라는 뜻입니다.

살다 보면 어려운 일을 누가 한 번만 도와줬으면 할 때가 있습니다. 누가 한 번만 손을 내밀어 내 손을 잡아주고 이끌어 준다면 다시 일어설 수 있을 것 같은 순간이 있습니다. 그런데 아무리 동서남북을 살펴보아도 내 손을 잡아줄 손이 보이지 않습니다. 야베스에게는 이런 손이 없었습니다. 그래서 하나님께 기도한 것입니다. "주의 손으로 나를 도와주십시오. 제겐 붙잡을 손이 주님의 손 밖에 없나이다."

여러분, 살다가 힘든 일을 만나시거든 사람들의 손을 잡지 말고 하나님의 손을 의지하시기 바랍니다. "하나님, 주의 손으로 나를 도와주옵소서. 내겐 주님의 손밖에 의지할 사람이 없나이다." 이러한 기도를 들으면 이 찬양이 자연스럽게 나옵니다. "주님여 이 손을 꼭 잡고 가소서 약하고 피곤한 이 몸을 폭풍우 흑암 속 헤치사 빛으로 손잡고 날 인도하소서" 야베스는 하나님을 찾았고, 하나님의 손을 찾았습니다.

셋째, 그가 원하는 것을 구하였습니다.

야베스는 자기의 손을 잡아주시는 하나님을 붙잡고 자기가 원하는 것을 구하였습니다. 무엇을 기도했습니까? "하나님, 나의 지역을 넓혀주십시오." 야베스는 나의 지역을 넓혀 달라고 기도했습니다. 이것은 부동산으로 성공하게 해달라는 기도가 아닙니다. 사업이 잘 되어 2호점, 3호점으로 지경을 확장해 달라는 기도도 아닙니다. 이것은 사치스러운 기도가 아니라 생의 끝에서 부르짖은 절박한 기도입니다.

그는 아버지 없이 태어났습니다. 막내였습니다. 집안이 고통과 슬픔투성이니 아버지가 물려준 땅도 없었던 것 같고, 설령 있어도 야베스까지 순서가 오지 않을 것 같습니다. 또는 공평하게 나누었다고 해도, 야베스에게 돌아온 몫으로는 삶을 이어갈 수 없는 수준이었던 것 같습니다. 다시 말해 야베스에게는 살 곳이 없었던 것입니다.

본문이 기록된 역대상 4장은 가나안에 입성하고 정복 전쟁 후에 땅을 분배하는 시대였습니다. 모두 땅을 가지는 시대였습니다. 땅이 있으면 먹고 사는 것이고, 땅이 없으면 굶어야 하는 생존의 문제 앞에 야베스는 땅이 없었습니다. 그에게 있어서 지역을 넓혀 달라는 것은 욕심의 기도가 아니라 생존의 기도였습니다.

제 기억이 맞는다면 우리 집은 초등학교 4학년 때까지 논과 밭이 없었습니다. 동네 사람들의 논과 밭을 소작하면서 절반은 주인에게, 절반은 우리가 먹는 소작을 했습니다. 그러다가 천성이 부지런하신 아버지께서 새벽 4시면 삽자루를 둘러메시고 논으로 가 남의 논과 밭을 내 논과 밭처럼 가꾸고 소작해서 얻은 곡식을 모으고 모아, 드디어 제가 초등학교 4학년 때 동네 앞에 논 네 마지기를 샀습니다. 우리 집 안방에서 논 주인과 도장을 찍고는 논 네 마지기를 처음 사던 광경을 저는 옆에서 보았습니다. 경상도 남자로 눈물 흘리는 것 한 번 본 적 없었던 아버지가 그날 어둑어둑한 방에서 어머니를 보시면서 하셨던 말씀도 기억이 납니다. "인자 우리도 논 주인이네…" 그날 아버지의 목소리와 표정이 지금도 잊히지 않습니다. 네 마지기 논은 우리 여섯 식구가 살아갈 생존의 땅이요 하나님의 선물이었습니다.

지금 야베스의 기도는 바로 이런 기도에 가깝습니다. "하나님,

나에게 아무런 땅이 없습니다. 주께 구하오니 내가 살아갈 땅을 주십시오." 하나님이 어떻게 이 기도를 외면하실 수 있겠습니까!

여러분이 욕심으로 드리는 기도가 아니라면, 정욕에 쓰려고 잘못 구하는 기도가 아니라면, 죄 짓는 데 사용하려고 구하는 기도가 아니라면, 응답해주면 타락할 사람이 아니라면, 저는 하나님께서는 구하는 자에게 응답하심을 확실히 믿습니다. 야베스는 자기 앞에 주어진 척박한 삶을 운명적으로 받아들이고 신세 한탄, 세월 한탄만 하며 그의 이름대로 고통과 슬픔과 눈물로 살다가 이 세상을 떠나지 않았습니다. 그는 하나님의 손을 의지하고, 나에게 살아갈 지역을 달라고 기도함으로 하나님의 마음을 움직였고, 하나님은 그가 구하는 것을 응답해주셨습니다. 오늘 이런 기도의 응답이 여러분에게 있기를 축원합니다.

넷째, 운명을 바꾸는 기도를 드립니다.

그의 이름이 고통과 눈물과 슬픔과 환난입니다. 그런데 야베스는 이제 그의 운명을 받아들이지 않고 벗어나는 기도를 하나님 앞에 드립니다. 어떻게 기도하고 있습니까? "하나님이여 환난을 벗어나 내게 근심이 없게 하옵소서" 자기 이름에 담긴, 슬픔, 고통, 눈물, 근심을 벗어버리는 기도를 하나님께 드리고 있는 것입니다.

맞습니다. 때로는 우리가 기도해서 응답받은 것이 평생 우리의 근심과 환난의 이유가 되기도 합니다. 오랜 기도 끝에 자녀를 얻었는데 그 자녀가 평생 부모의 근심이 되기도 합니다. 오랜 기도 끝에 사업을 시작했는데 그 사업에 환난이 그치지 않는 경우도 있습니다. 모든 것을 정리하고 목회를 시작하고 선교를 떠났는데, 그때부터 목회와 선교로 부르신 것이 맞나 싶을 정도로 건강 문제와 재정적인 압박과 환난과 고통에서 하루하루 살아가는 사역자들도 많습니다. 분명히 하나님이 주신 마음의 확신과 응답을 가지고 시작한 일인데, 고통과 환난이 잠잠할 날이 없는 경우들도 있어서 당황스러울 때가 있습니다.

야베스는 하나님을 찾아와 하나님의 손을 붙잡고 그가 구하는 것을 구하여 얻었습니다. 그때 야베스가 마지막으로 드린 기도가 "주여, 나로 환난을 벗어나 내게 근심이 없게 하옵소서…."라는 기도를 드렸습니다. "하나님이 허락해주신 이 지역이 나의 근심거리가 되지 않게 하여 주옵소서. 하나님이 주시는 이 많은 복이 나의 환난의 시작이 되지 않게 하여 주옵소서. 나로 환난을 벗어나 근심이 없게 하옵소서…."라고 기도했습니다. 그랬더니 하나님께 응답해주셨을까요? 성경은 이렇게 기록하고 있습니다.

"…하나님이 그가 구하는 것을 허락하셨더라" (대상 4:10)

야베스는 참으로 지혜로운 사람입니다. 하나님께서 야베스의 기도를 들어보니 출생과 환경이 고통과 슬픔과 눈물로 점철되어 있었지만, 하나님이 그에게 지혜를 주셨습니다. 힘들 때 누구를 찾아가야 하는지를 아는 지혜, 누구의 손을 잡아야 하는지를 아는 지혜, 무엇을 구해야 하는지를 아는 지혜, 그리고 모든 것이 응답되었을 때, 은혜와 복을 계속 받을 수 있기 위해서 마지막으로 무슨 기도를 해야 하는지를 아는 지혜.

이 기도로 말미암아 눈물과 고통이었던 야베스의 운명은 바뀌고, 형제 중에서 존귀한 자가 되었습니다. 이것이 너무도 귀한 사건이었기에 역대상에서는 그 많은 사람의 이름을 신속하게 기록하다가, 야베스의 사건에 멈추어 그의 기도를 낱낱이 기록하고 어떤 응답을 받았는지를 기록해두었습니다. 왜냐하면 성경을 읽는 사람들이 눈여겨보고 그들도 이와 같은 진실한 마음으로 하나님을 찾아 응답받기를 원하시는 하나님의 마음을 담아놓은 것입니다.

저는 오늘 야베스의 손을 잡아주신 하나님의 손이 여러분 모두를 붙잡아 주시기를 원합니다. 너나 할 것 없이 힘든 시간을 보내고 있는 하나님 백성들의 손을 하나님께서 외면하지 않으시고 잡아주시기를 기도합니다. 주님의 손으로 도우사 환난을 벗어나 근심이 없게 되기를 기도합니다.

넘어져도 하나님 앞으로 넘어지십시오. 급하다고 아무 손이나 잡고 도와달라고 하지 말고, 여러분을 향해 내민 하나님의 손을 잡으시기 바랍니다. 그리고 가장 절박한 여러분의 문제를 하나님 앞에 숨김없이 아뢰고 구하시기 바랍니다. 그리고 그 응답이 다시 환난과 근심이 되지 않기를 기도하시기 바랍니다. 하나님께서 야베스가 구하는 것을 응답하신 것처럼, 오늘 여러분이 구하는 것도 응답해주시길 기도합니다.

People under Grace

은혜 입은 사람들 시리즈

11

이해할 수 없는
사랑의 은혜, 고멜

호세아 1:1-2:1

People under Grace

웃시야와 요담과 아하스와 히스기야가 이어 유다 왕이 된
시대 곧 요아스의 아들 여로보암이 이스라엘 왕이 된 시대에
브에리의 아들 호세아에게 임한 여호와의 말씀이라
여호와께서 처음 호세아에게 말씀하실 때 여호와께서 호세아에게
이르시되 너는 가서 음란한 여자를 맞이하여 음란한 자식들을
낳으라 이 나라가 여호와를 떠나 크게 음란함이니라 하시니
이에 그가 가서 디블라임의 딸 고멜을 맞이하였더니
고멜이 임신하여 아들을 낳으매
여호와께서 호세아에게 이르시되 그의 이름을 이스르엘이라
하라 조금 후에 내가 이스르엘의 피를 예후의 집에 갚으며
이스라엘 족속의 나라를 폐할 것임이니라
그 날에 내가 이스르엘 골짜기에서 이스라엘의 활을 꺾으리라 하시니라
고멜이 또 임신하여 딸을 낳으매 여호와께서 호세아에게
이르시되 그의 이름을 로루하마라 하라 내가 다시는 이스라엘
족속을 긍휼히 여겨서 용서하지 않을 것임이니라
그러나 내가 유다 족속을 긍휼히 여겨 그들의 하나님 여호와로 구원하겠고
활과 칼이나 전쟁이나 말과 마병으로 구원하지 아니하리라 하시니라
고멜이 로루하마를 젖뗀 후에 또 임신하여 아들을 낳으매
여호와께서 이르시되 그의 이름을 로암미라 하라 너희는 내
백성이 아니요 나는 너희 하나님이 되지 아니할 것임이니라
그러나 이스라엘 자손의 수가 바닷가의 모래 같이 되어서 헤아릴 수도 없고
셀 수도 없을 것이며 전에 그들에게 이르기를 너희는 내 백성이 아니라 한 그
곳에서 그들에게 이르기를 너희는 살아 계신 하나님의 아들들이라 할 것이라
이에 유다 자손과 이스라엘 자손이 함께 모여 한 우두머리를 세우고
그 땅에서부터 올라오리니 이스르엘의 날이 클 것임이로다
너희 형제에게는 암미라 하고 너희 자매에게는 루하마라 하라

은혜를 입은 사람들 열한 번째 주인공은 '고멜'입니다. 성경에 나오는 가장 가슴 아픈 부부 호세아와 고멜의 이야기입니다. 남남이 만나 가족이 되어 사는 부부의 사랑이 때로 부모가 자식을 사랑하는 사랑보다 진한 경우가 있습니다.

　제 어릴 적 고향에는 '치술령'이라는 산이 있었습니다. 그 산꼭대기에는 망부석이 있는데, 신라 시대 충신 박제상이 눌지왕의 셋째 동생을 구하러 일본으로 갔다가 동생은 구하여 신라로 보내고 자신은 온갖 고문을 당하고 죽게 됩니다. 그 사실을 모른 채 박제상의 아내는 날마다 치술령에 올라 돌아오지 않는 남편을 기다리다가 바위로 변해 망부석이 되었다고 합니다. 이처럼 부부이지만 부모의 사랑을 능가하는 세상 그 누구보다 애틋한 사랑이 있습니다. 망부석의 이야기가 남편을 사랑한 아내의 이야기라면, 오늘 제가 소개할 이야기는 아내를 사랑한 남편의 이야기입니다. 바로

'호세아와 고멜'이라는 부부의 이야기입니다. 남편 호세아의 애끓는 사랑의 이야기를 통해 우리의 남편 되어 주신 하나님의 절절한 사랑을 살펴보려고 합니다.

성경에는 하나님이 우리의 신랑으로 등장을 하는 것을 볼 수 있습니다. '솔로몬과 술람미 여인'의 사랑 이야기를 기록한 아가서가 하나님과 우리의 사랑의 이야기이고, 예수님은 신랑, 교회는 신부로서 부부의 관계로 설명을 하기도 합니다. 그리고 호세아서에서는 하나님과 이스라엘 백성의 언약 관계를 친히 "내가 네게 장가들었다"라는 표현을 사용하면서 결혼 관계를 예로 들어, 하나님이 우리를 얼마나 사랑하시는지를 말씀해주고 있습니다. 따라서 호세아와 고멜의 이야기는 한 부부의 안타깝고도 감동적인 사랑의 이야기이면서, 동시에 하나님이 우리를 얼마나 사랑하시는지를 감동적으로 보여주는 이야기입니다.

어느 날 호세아에게 하나님의 말씀이 임합니다. 충격적인 말씀인데 바로 결혼 명령입니다.

> "여호와께서 처음 호세아에게 말씀하실 때 여호와께서 호세아에게 이르시되 너는 가서 음란한 여자를 맞이하여 음란한 자식들을 낳으라 이 나라가 여호와를 떠나 크게 음란함이니라 하시니"(호 1:2)

아무리 선지자라고 하지만 호세아도 젊은 청년으로 아름다운 가정을 이루는 꿈을 가지고 있었을 텐데, 하나님은 그런 한 청년의 소박한 꿈에는 관심이 없으신지 시작부터 음란한 여인을 맞이하는 결혼 명령을 내리십니다. 음란한 여자의 다른 표현은 윤락녀를 일컫는 말이겠지요. 모르고야 사랑을 시작할 수 있지만, 사랑이 시작되기도 전에 이미 음란함을 다 알고 있는 상태에서 아내로 맞아 결혼까지 하라고 하는 것은 너무나도 어려운 명령입니다. 그러나 호세아는 이 명령에 순종하고 고멜을 아내로 맞이하게 됩니다. 하나님과 우리의 관계로 넘어가 보겠습니다. 호세아라는 이름의 뜻은 "구원자"입니다. 고멜이라는 이름의 뜻은 "완전함"입니다. 하나님은 우리를 창조하실 때 완전한 자로 창조하셨습니다. 그래서 창조하신 후에 보시기에 심히 좋았더라고 감탄을 하셨습니다. 우리는 그렇게 흠 없고 점 없이 완전한 자로 하나님의 형상을 따라 창조된 '완전한 고멜들'이었습니다.

그런데 인간은 마귀에게 마음을 빼앗겨 버리고 음란한 자가 되었습니다. 선악과를 따먹지 말고 영원히 에덴동산에서 행복하게 살자는 신랑 되신 하나님의 말씀과, 선악과를 따먹고 영원히 네 마음대로 살라는 마귀의 거짓말 사이에서 마귀의 말을 듣고 따라갔습니다. 이것은 곧 영적인 간음이요 하나님과 관계가 즉시 깨어져 버리는 죄가 되었습니다.

그리고 인간은 신랑 되신 하나님을 버리고 마귀의 세상으로 나갔습니다. 그곳에 나가서 죄를 짓고 자녀를 낳았습니다. 죄를 짓고 자녀를 낳았으니 자녀들도 모두 죄인으로 태어났습니다. 마치 음란한 고멜에게 난 자녀들이 모두 음란한 자녀들이라고 말하는 것과 같은 것입니다.

그러나 하나님은 이런 인간을 포기하실 수 없었습니다. 그래서 신부를 다시 찾아오기로 했습니다. 하나님은 호세아에게 명령하여 자기를 떠난 고멜을 데리고 와 아내로 삼으라고 하십니다. 호세아는 명령에 순종하고 고멜을 아내로 맞아 결혼 생활을 시작했습니다. 그리고 세 명의 아이를 출산하게 됩니다. 결혼은 그렇게 행복한 결말에 이르게 될 줄 알았습니다. 그런데 고멜은 다시 음란함을 버리지 못하고 집을 나가 다른 남자에게로 가 버리고 맙니다. 고멜은 남편과 세 아이를 두고, 집을 나가 다른 남자를 만나 음란한 삶을 다시 이어가게 됩니다. 고멜은 다시 과거의 삶으로 돌아간 것입니다.

죄인으로 태어나 살다가 신랑 되신 예수님의 대속의 죽음으로 우리가 구원을 받아 거룩한 주님의 신부가 되었음에도, 다시 세상을 사랑하여 죄를 짓고 세상으로 나가는 우리의 모습이 바로 이 고멜의 모습입니다. 집을 나간 고멜은 잘 살았을까요? 호세아에게 집 떠난 아내 고멜의 이야기가 들려옵니다. 그렇게 집 나간 아내 고멜이 이 남자의 손에서 저 남자의 손으로 노예처럼 팔리고 팔려서 어느 흉악한 남자 밑에서 노예처럼 살고 있다는 소식이 들려옵니다. 가슴이 찢어지는 소식입니다. '집 버리고 나가더니 잘됐다…'하고 싶겠지만, 사랑이 어디 그렇습니까? 그 소식이 호세아의 마음을 찢어 놓습니다. 사랑은 죽음보다 강하기에 호세아는 고멜을 포기하지 못합니다. 다시 아내가 있다는 집으로 찾아갑니다.

고멜을 찾아가 보니 어느 흉악한 남자 밑에서 노예처럼 살고 있습니다. 호세아는 그 남자에게 은 열다섯 개와 보리 한 호멜 반을 주고 아내를 찾아옵니다. 은 열다섯 개와 보리 한 호멜 반은 그 당시 노예를 찾아오는 가격입니다. 고멜은 그 집에서 노예로 살고 있었다는 말입니다.

누구의 모습이 떠오릅니까? 하나님이 싫어서 죄를 짓고 하나님의 품을 떠난 우리를 구원하시기 위해 저 높고 높은 별을 넘어 이 낮고 낮은 땅까지, 죄 범한 영혼을 찾아 오신 신랑 되신 예수님, 그리고 죄의 삯이 사망이기에 신랑 되신 예수님은 당신의 생명을 주고 우리를 죄의 사슬에서 해방해주셨습니다. 은 열다섯 개와 보리 한 호멜 반이 아니라, 그의 피 값으로 우리를 사서 당신의 신부로 맞아주신 예수님. 그렇게 우리는 다시 하나님과의 관계가 회복되고 하나님의 집으로 되돌아갔으나 몇 날이 못 되어 다시 세상을 기웃거리며 그 사랑을 다 잊어버리고, 또 일주일 내내 세상과 벗하고 살아가는 우리의 모습이 바로 고멜입니다.

일주일에 한 번 잠시 집 와서 옷을 갈아입고 나가서 일주일 동안 바람을 피우는 사람처럼, 그저 일주일에 한 번 주일날 교회에 얼굴 한번 보이고는 일주일 내내 하나님과 아주 상관없이 살아가는 우리의 모습이 바로 고멜입니다.

이 정도 되면 하나님이 우리를 포기하실 만도 한데, 세상에는 포기 안 되는 사랑이 있다고 했습니다. 영원히 포기할 수 없는 사랑이 있다고 했습니다. 그게 하나님의 사랑입니다. 부모의 사랑도 하다가 더 할 수 없는 때가 오는데, 하나님의 사랑은 한이 없는 사랑입니다. 그래서 우리를 또 찾아오시고, 또 찾아오시고, 또 찾아오시는 분이 하나님이십니다. 포기하지 않으시는 사랑. 그러다 우리를 찾으면 아무 말 없이 우리를 업고 다시 집으로 데리고 가시는 하나님이십니다.

아니나 다를까, 남편을 떠난 고멜의 모습은 그야말로 비참한 모습입니다. 호세아는 고멜을 등에 업고 다시 집으로 돌아옵니다. 고멜을 등에 업고 집으로 돌아가는 호세아의 모습을 상상해보세요. 그게 우리를 업고 가시는 하나님의 모습입니다.

집으로 가자, 집으로 가자, 이런 눈물 흘리지 않는 곳, 내 아버지 기다리시는 그 곳에…

하나님의 등에 업힌 우리의 모습을 상상해보세요. 얼마나 처량합니까. 하나님이 우리를 업고 가시면서 하나님이 등에 업힌 못난 우리에게 무슨 말씀을 하실까요?

호세아 11:1~4의 말씀을 하십니다.

"이스라엘이 어린 아이일 때에, 내가 그를 사랑하여 내 아들을 이집트에서 불러냈다. 그러나 내가 부르면 부를수록, 이스라엘은 나에게서 멀리 떠나갔다. 짐승을 잡아서 바알 우상들에게 희생제물로 바치며, 온갖 신상들에게 향을 피워서 바쳤지만, 나는 에브라임에게 걸음마를 가르쳐 주었고, 내 품에 안아서 길렀다. 죽을 고비에서 그들을 살려 주었으나, 그들은 그것을 깨닫지 못하였다. 나는 인정의 끈과 사랑의 띠로 그들을 묶어서 업고 다녔으며, 그들의 목에서 멍에를 벗기고 가슴을 헤쳐 젖을 물렸다." (새번역)

우리를 업고 가시면서 말씀하시는 하나님의 고백이 애틋합니다.

"사랑하는 아내야. 너는 나를 멀리멀리 떠나, 다른 신들 앞에서 향을 피우고 노래를 부르지만, 사랑하는 아내야. 나는 너를 포기하지 못한다. 나는 오늘도 너를 위해 포대기를 만들어 인정의 끈과 사랑의 띠로 묶어 너를 이렇게 업고 간다. 나쁜 사람이 네 목에

두른 멍에를 끊어주고, 내 가슴을 풀어 너에게 젖을 물려준다."

이 모습이 우리를 포대기에 업고 사랑과 인정의 끈으로 묶어서 키우고, 가슴을 풀어 젖으로 우리를 키워오신 하나님의 사랑입니다.

남편 등에 업혀 가는 고멜의 마음은 어땠을까요? "왜?"라는 말을 수백 번 하지 않았겠습니까? "왜? 나 같은 사람을 찾아왔어요?" "왜? 나 같은 사람을 포기하지 못해요?", "포기해도 되는데, 왜? 그 비싼 값을 주고 나를 다시 샀어요?"

그 때 호세아가 고멜에게 이야기를 합니다.

"에브라임아, 내가 어찌 너를 버리겠느냐? 이스라엘아, 내가 어찌 너를 원수의 손에 넘기겠느냐? 내가 어찌 너를 아드마처럼 버리며, 내가 어찌 너를 스보임처럼 만들겠느냐? 너를 버리려고 하여도, 나의 마음이 허락하지 않는구나! 너를 불쌍히 여기는 애정이 나의 속에서 불길처럼 강하게 치솟아 오르는구나."(호 11:8 새번역)

그러면서 고백은 계속됩니다.

"아무리 화가 나도, 화나는 대로 할 수 없구나. 내가 다시는 에브라임을 멸망시키지 않겠다. 나는 하나님이요, 사람이 아니다. 나는 너희 가운데 있는 거룩한 하나님이다. 나는 너희를 위협하러 온 것이 아니다."(호 11:9 새번역)

무슨 말입니까? 나는 너를 포기할 수 없다는 말입니다.
"내가 어찌 너를 원수의 손에 넘기겠느냐? 내가 어찌 너를 모른다며 버릴 수 있겠느냐? 버리려 해도 나의 마음이 허락하지 않는구나. 오히려 너를 불쌍히 여기는 애정이 내 속에서 불길처럼 솟아오르는구나. 내가 화가 나는데, 화가 나는 대로 할 수가 없구나. 나는 사람이 아니라 너의 하나님이기 때문이다. 나는 너를 절대로 포기할 수가 없다. 이것이 너를 향한 나의 사랑이다."

호세아는 고멜을 등에 업고 먼길을 걸어오며 다시 이야기합니다.

"내가 그들의 반역하는 병을 고쳐 주고, 기꺼이 그들을 사랑하겠다. 그들에게 품었던 나의 분노가 이제는 다 풀렸다. 내가 이스라엘 위에 이슬처럼 내릴 것이니, 이스라엘이 나리꽃처럼 피고, 레바논의 백향목처럼 뿌리를 내릴 것이다. 그 나무에서 가지들이 새로 뻗고, 올리브 나무처럼 아름다워지고, 레바논의 백향목처럼 향기롭게 될 것이다. 그들이 다시 내 그늘 밑에 살면서, 농사를 지어서 곡식을 거둘 것이다. 포도나무처럼 꽃이 피고, 레바논의 포도주처럼 유명해질 것이다."

(호 14:4-7 새번역)

무슨 말입니까?

"사랑하는 아내야…. 내가 당신 아픈 것을 다 치료해줄게. 그리고 내가 기쁜 마음으로 사랑을 해줄게. 당신을 향해 불같이 일던 분노가 다 사라져 버렸구나. 이제 당신은 나와 함께 살면서 꽃처럼 살아라. 레바논 백향목처럼, 향기로운 나리꽃처럼, 올리브 기름으로 바른 투명한 피부처럼, 유명한 레바논의 포도주처럼 유명한 사랑받는 아내가 될 거야…."

이 말도 안 되는 남편의 사랑 고백을 들은 고멜이 용기를 내어 자기를 업고 가는 남편에게 묻습니다. "여보, 왜 나를 포기하지 못해요?" 호세아는 다시 한번 아내를 들추어 업고는 이렇게 이야기합니다. "응, 나는 당신에게 장가가던 그 날 스스로 약속했지. 당신하고 영원히 살기로. 내가 당신에게 장가가던 날 약속했지. 내 모든 것을 다해 당신에게 은혜를 베풀어 주기로. 한 가지 바람이 있다면, 당신이 이런 내 마음을 알아줬으면 좋겠어."

우리를 포기하지 않으시고 끝까지 사랑하시는 하나님의 등에 업혀 우리가 묻습니다. "하나님, 왜 저를 포기하지 않으시나요?"

"내가 네게 장가들어 영원히 살되 공의와 정의와 은총과 긍휼히 여김으로 네게 장가 들며 진실함으로 네게 장가 들리니 네가 여호와를 알리라"(호 2:19-20 개역개정)

"응, 나는 너에게 장가 들어 영원히 살기로 했기 때문이야. 네가 어떤 잘못을 해도, 내가 은총과 긍휼로 너를 받아 주기로 작정했다는 말이지. 너는 나랑 살면 살수록 내가 어떤 남편인지를 알게 될 거야."

저와 여러분은 하나님으로부터 이런 사랑을 받고 있습니다. 절대로 포기하지 않으시는 사랑. 구원자라는 이름을 가진 호세아가 완전한 자라는 뜻을 가진 고멜을 사랑한 이야기를 우리는 살펴보았습니다. 구원자 호세아는 하나님께 어울리는데, 완전한 자 고멜은 우리에게 어울리지 않습니다. 그런데 사랑과 은혜란 부족한 자를 부족하다고 말하지 않고 완전한 자처럼 대해주는 것입니다.

그렇게 음란했던 고멜이지만 호세아의 눈에는 늘 완전한 자처럼 아름답게 보였던 것입니다. 그래서 하나님은 우리를 포기하지 않으시는 것입니다.

부족하기 짝이 없고 죄 가운데 살아가며, 하나님을 멀리멀리 떠나 세상만 좋아하면서 살아가는, 도무지 감을 잡을 수 없는 인생이지만, 이런 우리를 완전한 자라 여기고 세상 끝까지 찾아와 우리를 살려주시는 하나님. 솔로몬이 생명을 다해 사랑했던 술람미 여인은 궁중의 그 어떤 여인보다도 미모가 뛰어나지 않았고, 사람들의 눈에 흠모할 것이 보이지 않았던 한 시골 여성에 지나지 않았지만 술람미 여인을 찾아서 온 정원을 헤매고 다니면서, "내 사랑하는 자여, 내 어여쁜 자여"를 외쳤던 그 사랑이 바로 우리를 향한 하나님의 사랑인 것입니다.

이 중에 하나님께 사랑받을만해서 사랑받는 사람은 한 명도 없습니다. 구원받을만해서 구원받은 사람은 한 명도 없습니다. 남들보다 나은 부분이 있어서 이 많고 많은 사람 중에 택함을 받은 것이 아닙니다. 우리는 완전하지 않으나, 하나님께서 우리를 그 크신 사랑으로 안아주시고 받아 주시는 사랑 때문에 사랑받는 것입니다.

> "우리가 아직 연약할 때에 기약대로 그리스도께서 경건하지 않은 자를 위하여 죽으셨도다. 의인을 위하여 죽는 자가 쉽지 않고 선인을 위하여 용감히 죽는 자가 혹 있거니와 우리가 아직 죄인 되었을 때에 그리스도께서 우리를 위하여 죽으심으로 하나님께서 우리에 대한 자기의 사랑을 확증하셨느니라."

(롬 5:6-8 개역개정)

하나님은 우리가 경건해서 포기 못 하고 찾아오시는 것이 아닙니다. 하나님은 우리가 선한 사람이기 때문에 기대감을 가지고 찾아오시는 것이 아닙니다. 우리가 죄인이기 때문에 포기하지 못하시고 찾아오시는 것입니다. 죄인을 위해 죽으시기 위해서 오신 것입니다.

그래서 세상이 이 사랑을 이해하지 못 하는 것입니다. 경건한 자를 위해 죽어주는 이가 간혹 있고, 선한 사람을 위해 죽는 일은 혹 들어는 봤어도, 흉악한 죄인을 대신해서 죽어준 사람은 본 적도 들은 적도 없으므로, 이 사랑이 위대한 것입니다.

그런데 그 사랑을 우리가 받은 것입니다. 고멜처럼 세상 끝에서 마귀의 노예가 되어 죄의 사슬에 묶여 지옥으로 가는 우리 인생에 찾아오셔서 마귀의 사슬을 끊어버리고, 거의 죽게 된 우리를 등에 업고 집으로 다시 우리를 데리고 가면서 우리 주님은 우리에게 아가서의 달콤한 노래를 불러주십니다.

"…내 어여쁜 자야 일어나서 함께 가자 겨울도 지나고 비도 그쳤고 지면에는 꽃이 피고 새가 노래할 때가 이르렀는데 비둘기의 소리가 우리 땅에 들리는구나 무화과나무에는 푸른 열

매가 익었고 포도나무는 꽃을 피워 향기를 토하는구나 나의 사랑, 나의 어여쁜 자야 일어나서 함께 가자"(아 2:10-13 개역개정)

People under Grace

은혜 입은 사람들 시리즈

12
은혜의 통로가 되는 은혜, 룻

룻기 2:10

People under Grace

룻이 엎드려 얼굴을 땅에 대고 절하며 그에게 이르되 나는 이방 여인이거늘 당신이 어찌하여 내게 은혜를 베푸시며 나를 돌보시나이까 하니

마지막 은혜 입은 사람들 시리즈를 준비하면서 룻에게 임한 보아스의 사랑 이야기로 마무리하려고 합니다. 가정의 달을 맞이해서, 부부간의 문제가 있는 집안은 룻과 보아스의 가정처럼 행복이 회복되시길 축복합니다. 고부간의 갈등으로 힘들어하시는 가정은 나오미와 룻의 관계로 회복되기를 축복합니다.

미국은 장모님과 사위의 관계에 대한 유머가 많습니다. "베드로가 왜 예수님을 세 번 부인했는가?"라는 질문에 대한 답은 "장모의 열병을 고쳐줘서"라고 합니다. 반대로 한국은 고부간의 갈등이 많습니다. 그래서 시어머니가 못 찾아오도록 아파트 이름이 점점 어려워지다가, 요즈음은 다시 쉬워지고 있다고 하죠. 왜 그럴까요? 이름이 너무 어려워 시어머니가 자꾸 시누이를 데리고 와서 그렇답니다. 둘이 오는 것보다 혼자 오는 것이 낫다고 쉬워지고 있다고 합니다.

그런데 룻기는 시어머니와 며느리에 관한 세상에 둘도 없는 아름다운 이야기가 실려 있습니다. 그리고 그 모든 이야기를 관통하는 주제는 "은혜 – 헤세드"입니다. 먼저 룻기의 전체적인 이야기를 대략 설명해 드리겠습니다. 룻기의 배경은 사사 시대입니다. 베들레헴에 '엘리멜렉'이라는 사람이 살고 있었는데 그의 아내는 '나오미'요 두 아들의 이름은 각각 '말론'과 '기론'입니다. 이들은 베들레헴의 흉년을 견디지 못해 집과 땅을 버려두고 모압 땅으로 건너갑니다. 그런데 그곳에서 남편 엘리멜렉이 죽었습니다. 그리하여 나오미와 아들 둘이 살아가는데 두 아들이 그곳에서 '모압' 여인과 결혼을 하게 됩니다. 바로 '룻'과 '오르바'입니다.

그런데 두 아들 모두 자녀도 없는 상태에서 죽어버리고 맙니다. 나오미의 인생이 얼마나 기구합니까. 외국에 와서 사는데 남편과 두 아들이 다 죽고, 며느리 둘과 살게 되었습니다.

그러다가 멀리 베들레헴의 가뭄이 회복되었다는 소식을 듣고 고향으로 돌아갑니다. 유대인들이 이방인을 어떻게 취급하는지를 너무나도 잘 알던 나오미는 며느리들에게 모압에서 좋은 사람을 만나 재혼해 살라고 보내줍니다. 그러자 오르바는 나오미를 떠납니다. 하지만 룻은 대성통곡을 하면서 시어머니를 쫓아갑니다. 끝까지 시어머니를 따라서 가겠다고 따라나섭니다. 이때 룻의 엄청난 고백이 성경에는 이렇게 기록되어 있습니다.

"룻이 이르되 내게 어머니를 떠나며 어머니를 따르지 말고 돌아가라 강권하지 마옵소서 어머니께서 가시는 곳에 나도 가고 어머니께서 머무시는 곳에서 나도 머물겠나이다 어머니의 백성이 나의 백성이 되고 어머니의 하나님이 나의 하나님이 되시리니 어머니께서 죽으시는 곳에서 나도 죽어 거기 묻힐 것이라 만일 내가 죽는 일 외에 어머니를 떠나면 여호와께서 내게 벌을 내리시고 더 내리시기를 원하나이다 하는지라"(룻1:16-17)

며느리를 자유롭게 해주려는 시어머니와 시어머니를 끝까지 모시려는 이 갸륵한 관계가 얼마나 아름답습니까. 이렇게 룻은 시어머니 나오미를 따라 이 세상에서 차별이 제일 심한 땅으로 이민을 옵니다. 룻이 온 땅은 이방인 차별만 심한 곳이 아니라 여성 차별도 심한 곳입니다. 게다가 떠날 때 두고 간 땅이 있어도 오래되어 경작할 수도 없고, 무엇보다 경작할 힘과 경제적 여력도 없습니다. 이런 곳에 남편도, 두 아들도 잃어버린 나오미가 외국 여자를 며느리로 데리고 돌아 온 것입니다.

베들레헴 사람들의 눈에 그 모습이 얼마나 불쌍하고 기구해 보일까요. 그 시선을 누구보다 잘 알기에 나오미가 사람들에게 말합니다. "나를 나오미라고 부르지 말고 마라라고 부르세요." 나오미의 뜻은 '기쁨'입니다. 마라는 '쓰다, 슬프다'라는 뜻입니다.

나오미(기쁨)가 마라(슬픔)가 되어 돌아왔습니다.

"나오미가 그들에게 이르되 나를 나오미라 부르지 말고 나를 마라라 부르라 이는 전능자가 나를 심히 괴롭게 하셨음이니라."(룻 1:20)

나오미는 삶만 힘들어진 것이 아니라, 하나님과의 관계도 힘들어진 상태로 돌아왔으니 정말 위기입니다. 고향이라고 찾아왔지만 누군가의 도움 없이는 도저히 일어설 수 없는 환경에 놓였습니다. 누군가가 나타나서 이 가정을 구원해주지 않고는 자력갱생이 힘든 절대 불능의 상태가 나오미와 룻의 모습입니다. 그래서 룻기는 예수님이 우리를 구원하시는 역사인 구속사적으로 보았을 때 예수 그리스도께서 우리에게 어떻게 은혜를 베푸셔서 구원하셨는지를 가장 잘 보여주는 책입니다.

그렇다면 은혜와 구원에 초점을 맞추어서 여러분은 룻기에서 누가 예수님의 역할을 하고 있는지를 맞춰보시기 바랍니다. 나오미, 룻, 보아스 중에 누가 예수님의 역할을 하고 있고, 누가 우리의 모습인지를 맞춰보시기 바랍니다. 이런 관점으로 룻기를 읽으면 상당히 재미있을 것입니다.

일단 나오미와 룻의 관계를 통해 예수님과 우리의 관계를 생각해보겠습니다. 룻이 나이 많은 시어머니 나오미를 먹여 살리는 이야기입니다. 나오미는 자기의 힘으로 살아낼 수 없는 전적 불능 상태에 빠졌습니다. 그래서 나오미와 룻의 관계에서, 룻이 예수님의 역할을 하고, 나오미는 우리의 모습입니다.

룻이 시어머니를 어떻게 구원하나요? 시어머니 나오미를 먹여 살리기 위해 가장 위험한 장소로 찾아갑니다. 추수 때가 되었지만 나오미의 집안에는 곡식이 없습니다. 그래서 나오미가 이삭줍기 하러 나갑니다. 하나님께서 명령하신 추수의 원칙이 있는데 추수를 해도 귀퉁이까지 베지 말고, 곡식이 떨어지면 줍지 말고 가난한 사람과 나그네, 고아와 과부들이 먹을 수 있도록 하라는 것입니다(레 19:9-10; 신 24:19-22). 룻은 이삭을 주워 나오미를 먹여 살리려고 밭으로 나갑니다.

캐롤린 커스티스 제임스는 『소외된 이들의 하나님: 룻기』, (Finding God in the Margins: The book of Ruth)에서 룻이 이방 여인으로 이삭줍기에 나갔다는 것은 여인으로서 모든 위험을 감수해야 할 수 있는 행동이었다고 밝히고 있습니다. 나오미가 룻을 모압에 남아 있으라고 간곡히 말했던 이유도, 룻이 이삭줍기를 마치고 무사히 귀가했을 때 나오미가 기뻐했던 모습도 이 위험성을 잘 나타내주고 있는 것입니다. 보아스가 룻이 이삭을 줍는 동안 아무도 건드리지 못하도록 하라는 명령도, 그 당시 이삭줍기가 한 여인이 하기에 얼마나 위험에 노출된 행동인지를 잘 보여주고 있습니다.

다시 말해, 룻은 시어머니 나오미를 먹여 살리기 위해 목숨을 걸고 이삭 줍는 밭으로 갔다는 말입니다. 우리를 살리기 위해 자신을 죽이려 하는 사람들이 가득한 영문 밖 골고다 언덕으로 죽으러 가신 예수님의 모습을 이삭줍기를 위해 남자들이 득실대는 추수 밭으로 간 룻의 모습에서 볼 수 있는 것입니다.

베들레헴에서 죽을 수밖에 없었던 나오미는 룻의 목숨을 건 헌신으로 살아날 수 있었습니다. 추수 밭이 얼마나 위험한 곳인지를 나오미는 잘 알고 있었기 때문에 무사하게 돌아온 룻을 보고 너무나도 기뻐합니다. 그리고 룻이 종일 있었던 일을 전해주는 가운데 우연히 이삭줍기한 밭이 친척이자 기업 무를 자 중의 한 명인 '보아스'의 밭이라는 말을 듣고, 하나님의 인도하심을 깨닫기 시작합니다. 나오미는 하나님이 우리를 괴롭게 한다고 고백했었는데, 그게 잘못된 생각인 것을 알게 되고, 하나님이 자기 가정을 인도하신다는 것을 알게 되었습니다.

"룻이 가서 베는 자를 따라 밭에서 이삭을 줍는데 우연히 엘리멜렉의 친족 보아스에게 속한 밭에 이르렀더라" (룻 2:3)

룻이 이삭을 줍기 위해 우연히 간 곳이 시아버지 엘리멜렉과

친척인 보아스의 밭입니다. 이것은 하나님이 나오미의 집을 살려주시려고 룻의 발걸음을 인도하신 것입니다. 우연처럼 보이지만 알고 보면 하나님의 인도하심임을 우리는 잘 알고 있습니다. 여러분은 우리 교회에 우연히 오신 것 같지만 하나님이 인도하셔서 오신 것입니다. 우리가 가는 모든 발걸음에 우연은 없습니다. 모두 하나님의 인도하심입니다. 우리 믿음의 사람은 "우연"이라 쓰고 "인도하심이라" 읽는 사람들입니다.

하나님은 나오미와 룻을 버리지 않으셨습니다. 나오미의 집안을 살려주시기 위해 룻의 발걸음을 보아스의 밭으로 인도하셨던 것입니다. 오늘도 하나님께서 여러분과 가정을 살리시기 위해 그 발걸음을 인도하고 계심을 믿으시기 바랍니다. 룻이 이삭을 줍고 있을 때 마침 그 밭의 주인인 보아스가 밭에 등장합니다. 하나님께서 룻을 살리시기 위해 보아스의 발걸음도 인도하신 것입니다. 하나님이 보아스의 마음에 감동을 주신 것입니다.

여러분, 운전하고 가다가, 퇴근하다가, 낮에 외출하다가, 문득 집에 있는데, 성도 중에 누구의 안부가 궁금하고 누가 생각나거든, 그 감동을 무시하지 말고, 전화나 문자를 해보세요. 분명 이유가 있습니다.

한 이틀 전에 밤에 잠자리에 들었다가 새벽 한 시 즈음에 우리 아들 홈스테이로 지난 2년간 돌봐준 집사님 부부가 떠오르는데,

정말 감사한 마음이 밀려왔습니다. 부모처럼 돌봐준 안수집사님 가정이 고마워 두 분께 편지를 썼습니다. 그런데 제게 고마움이 밀려와 편지를 쓴 그 시간에 집사님 부부가 우리 영광이가 너무 좋아하는 폭찹 스테이크를 고급 레스토랑에서 사주고 있었던 시간이었습니다. 집사님은 영광이가 아빠에게 그 사실을 말해서 인사로 고맙다고 편지를 쓴 줄 알았다고 하시는데, 그냥 마음속에 그 고마움이 새벽 1시에 밀려와서 그렇다고 이야기를 드렸습니다.

사소한 일이라도 마음에 작은 감동이 밀려올 때 무시하지 않고 순종하면 거기에는 또 아름다운 이야기가 들어있는 것을 얼마나 많이 경험합니까. 보아스가 그날 추수 밭에 나가고 싶었던 것 같습니다. 그 마음을 하나님이 주셨다는 말입니다. 하나님은 여러분의 발걸음만 인도하시는 분이 아니라 여러분을 살릴 누군가의 발걸음도 지금 인도하고 계심을 믿으시고 소망을 버리지 마시기 바랍니다.

룻 앞에 드디어 보아스가 나타났습니다. 보아스의 뜻은 "능력 있는 자, 능력이 그 안에 있다"라는 뜻입니다. 능력 있는 자가 능력만 자랑하지 않고 능력을 베풉니다. 하나님을 닮았죠. 하나님은 전능하신데 능력만 자랑하시지 않고, 그 능력을 우리에게 베풀어 주셨습니다. 이 모습이 보아스에서 나타납니다.

룻의 갸륵한 효도의 이야기를 친척이기에 익히 듣고 있었던 보아스는 은혜를 베풉니다. 종들을 시켜 룻을 특별히 보호하게 하고, 원하는 만큼 이삭을 주워서 돌아가게 하고, 물과 음식을 주면서 먹게 합니다. 그리고 종들에게 엄히 명하여 아무도 이 여인을 해하지 못 하게 합니다. 이것이 룻에게 임한 '헤세드-은혜'입니다. 이것을 알게 된 룻이 이렇게 질문을 합니다.

> "룻이 엎드려 얼굴을 땅에 대고 절하며 그에게 이르되 나는 이방 여인이거늘 당신이 어찌하여 내게 은혜를 베푸시며 나를 돌보시나이까 하니"(룻 2:10)

룻은 보아스의 은혜를 받아 추수 밭에서 살아나게 되었습니다. 이에 그치지 않고 보아스는 더 나아가 룻의 가정을 완전히 살려내기로 합니다. 소위 말해 기업 무를 자가 되기로 한 것입니다. 기업 무를 자에 대해서 설명해 드립니다. 기업 무를 자를 '토지'라는 뜻의 "고엘"이라고 부르기도 합니다.

> "만일 네 형제가 가난하여 그의 기업 중에서 얼마를 팔았으면 그에게 가까운 기업 무를 자가 와서 그의 형제가 판 것을 무를 것이요"(레 25:25)

이것이 '고엘 제도'입니다.

나오미가 도저히 견디지 못하고 엘리멜렉의 땅을 팔려고 합니다. 타인이 사갈 수도 있고 기업 무를 자가 사줄 수도 있습니다. 타인이 사가면 다른 사람의 땅이 되어 그 땅에서 그 기업이 끊어지는 것이고, 기업 무를 자가 사면 다시 그 집안에 아들이 태어나면 그 아들에게 되돌려 주는 제도입니다.

그러므로 기업 무를 자가 되어 준다는 것은 자기의 재산으로 토지를 사주어야 하고, 다시 그 집에 되돌려 주어야 하는 법이기 때문에 철저히 희생을 감수해야 합니다. 그래서 사람들이 기업 무를 자가 되려고 하지 않습니다.

그런데 보아스가 기꺼이 그 기업 무를 자가 되어 준 것입니다. 마귀에게 빼앗긴 땅과 생명, 하나님 자녀의 신분까지 십자가 희생으로 모두 회복시켜주신 예수님이 우리의 진정한 '고엘'이 되시는 것처럼 말입니다.

보아스가 기꺼이 기업 무를 자가 되어 주기로 했지만, 그 집안에 아이가 없으므로 기업 무를 자가 그 과부를 아내로 맞아서 아들을 출산하고 그 아들의 이름으로 땅을 되돌려 주어야 합니다.

하지만 아직 한 번도 결혼하지 않은 것으로 보이는 보아스가 룻을 아내로 맞아드리는 것은 쉬운 일이 아닙니다. 룻은 이방 여인입니다. 이미 결혼을 한 적이 있는 여인입니다. 그리고 아무것도 가진 것 없는 가난한 사람입니다. 게다가 시어머니까지 거두어 주어야 합니다.

또한, 그녀는 10년 이상 불임한 여인입니다. 첫 아이를 낳아서 기업을 되돌려 준다고 해도, 둘째, 셋째를 낳고 가정을 꾸려서 자기 집안도 일으켜야 하는 남자로서 불임의 여인임을 알고 아내로 맞아들이는 것은 어려운 일입니다. 당시로써 여러모로 아내로 맞아들일 조건을 갖추지 못한 여인입니다. 그런데도 보아스는 그 일을 합니다. 하나님께서 보아스를 통해 룻에게 은혜를 베푸는 것입니다. 이런 보아스에 대해서 나오미가 잘 표현했습니다.

"나오미가 자기 며느리에게 이르되 그가 여호와로부터 복 받기를 원하노라 그가 살아있는 자와 죽은 자에게 은혜 베풀기를 그치지 아니하는도다…"(룻 2:20)

이렇게 보아스는 죽은 엘리멜렉의 집안과 나오미, 룻을 살리기 위해 보내진 예수님의 역할을 감당합니다. 이렇게 보자면 룻기에 나오는 예수님의 역할이 누구냐는 질문의 답은 쉽게 얻어집니다.

하지만 이제 보아스의 입장에서는 생각해 보겠습니다. 보아스는 나이가 많고 돈이 많지만, 결혼하지 못한(거의 확실한) 사람입니다. 재력은 넘치는데 나이가 많아 결혼을 하지 못했습니다. 그런데 룻이 자기를 찾아왔습니다. 재산이 충분했기 때문에 둘 사이에 아이가 태어나 나오미의 재산을 다시 다 돌려주어도 보아스에게는 아무런 문제가 없습니다. 기쁜 마음으로 룻을 아내로 맞이합니다. 그러자 결혼을 한 뒤 바로 룻이 임신을 하고 아이를 출산하게 됩니다. 이것은 나오미 집안뿐 아니라 보아스에게도 경사입니다. 십 년 이상 불임이던 룻에게서 자기의 아기가 태어난 것이 보아스에게도 큰 기쁜 일입니다.

보아스는 재력만 가졌는데, 이제는 자녀까지 가지게 되었습니다. 보아스에게도 은혜가 임한 것입니다. 재력과 함께 늙어가는 보아스에게 대를 이을 아들이 생긴 것입니다. 룻이 보아스에서 끊어질 그 가문을 살려낸 것입니다. 이런 관점에서 보자면 룻이 예수님이고, 보아스가 은혜를 입은 자가 됩니다.

더욱 감사한 일은 그렇게 룻과 보아스 사이에 태어난 그 아들이 어떤 아들인지도 주목할 만합니다. 그 아들의 이름을 오벳이라고 불렀습니다. 오벳이 낳은 아들이 이새입니다. 그리고 이새가 낳은 아들이 다윗입니다. 결국, 보아스는 다윗의 증조할아버지가 된 것입니다. 그리고 그 다윗의 후손에서 예수님이 나왔습니다. 보아스가 룻에게 베푼 은혜를 하나님은 보아스에게 갚을 수 없는 더 큰 은혜로 되돌려 주셨습니다.

묻습니다. 도대체 누가 누구에게 은혜를 베푼 것입니까? 결과

론적으로 보자면 보아스가 룻을 구해 준 것이 아니라, 룻이 보아스를 구해 준 것이 됩니다. 대가 끊긴 보아스의 집안을 룻이 살려낸 것입니다. 그런 차원에서 보자면 룻이 보아스에게는 예수의 역할을 감당한 자입니다.

자, 지금까지 내용을 간추려봅니다. 보아스는 나오미와 룻을 살려내는 작은 예수의 역할을 감당했습니다. 룻은 보아스와 나오미를 살려내는 작은 예수의 역할을 감당했습니다. 이제 나오미가 남았습니다. 그렇다면, 나오미는 은혜를 받기만 하는 사람일까요? 룻을 모압 땅에서 데리고 온 사람이 누구입니까? 룻을 보아스에게 보낸 사람은 누구입니까? 룻이 보아스에게 어떻게 행할지를 자세히 가르쳐 준 사람은 누구입니까? 나오미입니다. 룻을 모압에서 데리고 나온 나오미의 역할은 출애굽의 주인공 모세와 같은 역할이었습니다. 룻 한 사람을 데리고 나오기 위해 치러진 값은 너무 비싼 값이었습니다. 남편도 죽고, 두 아들도 죽고, 룻 한 명만이 살았습니다. 우리 한 사람을 살리기 위해 생명을 주신 예수님의 모습과 나오미의 모습이 닮았습니다. 나오미가 모압으로 가지 않았고, 룻을 데리고 베들레헴으로 오지 않았다면, 다윗의 나라는 없습니다. 그렇게 보자면, 룻을 살리고 보아스 가문을 살리고 다윗의 나라를 일으키는 데 결정적인 역할을 감당한 사람이 나오미입니다. 이렇게 룻기는 은혜의 사슬로 연결된 이야기입니다.

룻은 나오미와 보아스에게 은혜를 베풀었습니다.
보아스는 룻과 나오미에게 은혜를 베풀었습니다.
나오미는 룻과 보아스에게 은혜를 베풀었습니다.

그러나 룻기 전체가 은혜의 이야기라고 하더라도, 가장 큰 은혜의 통로가 된 사람은 뭐니 뭐니 해도 보아스입니다. 그렇다면 보아스는 어떻게 이렇게 자기를 희생하고 이토록 큰 은혜를 베푸는 사람이 될 수 있었을까요?

바로 그가 이와 비슷한 경험을 했기 때문입니다. 그의 어머니의 이야기입니다. 보아스의 어머니가 바로 이방 여인이었습니다. 게다가 기생이었습니다. 바로 그 유명한 기생 라합은 여리고 성 전투에서 이스라엘 정탐꾼을 숨겨주고 살려주었던 사람으로 여리고 성이 무너지고 모두 죽임을 당할 때 그 공로로 인해 살아난 사람입니다. 이스라엘 남자 살몬이 이방 여인이자 기생이었던 어머니를 죽이지 않고, 은혜를 베풀어 아내로 맞이해 주었습니다. 어머니 라합이 은혜를 입은 것입니다. 그리고 살몬과 라합 사이에서 태어난 아들이 보아스입니다. 보아스는 어릴 적부터 이방 여인인 어머니를 이스라엘 사람들이 받아주는 것을 보고 자랐습니다. 기생인데도 사람들이 차별하지 않는 것을 보고 자랐습니다. 보아스는 어릴 적부터 은혜가 무엇인지를 눈으로 보고 자랐던 것입니다. 어릴 적부터 동네 사람들이 보아스에게 이런 말을 했을 것입니다.

"너희 어머니는 은혜를 입은 사람이야. 여리고 사람이 다 죽을 때 엄마만 살려주었지. 그리고 지금은 이스라엘 사람으로 살고 있잖니. 너희 집에 임한 은혜가 너무 크다는 것을 알고 있지?"

보아스는 그것을 한순간도 잊어버리지 않고 살다가, 자기에게 이방 여인을 거둬들이는 기회가 왔을 때 기꺼이 희생을 치르면서도 룻을 아내로 맞아준 것입니다. 은혜는 은혜 받은 것을 기억하는 사람이 베풀 수 있는 것입니다. 여러분도 받은 은혜를 잊지 마시기 바랍니다. 또한, 기회가 왔을 때 은혜 베풀 기회를 놓치지 마시기 바랍니다.

룻기에게서 우리가 무엇을 배울 수 있습니까?

첫째, 우리는 누군가에게 은혜를 베풀기만 하지 않고 동시에 은혜를 받고 있다는 사실입니다.

나오미, 룻, 보아스가 서로에게 은혜를 베푸는 사람이 된 것처럼, 내가 누군가에게 은혜를 베풀어 준 것 같아도 돌아보면 그 사람에게 받은 은혜가 더 많을 때가 있습니다. 오늘은 스승의 주일입니다. 우리 아이가 똑똑해서 잘 큰 것이 아니라, 선생님들의 은혜가 있었던 것입니다.

둘째, 은혜 베푸는 자에게는 하나님이 직접 은혜를 베풀어 주십니다.

불쌍한 노파 나오미와 이방 여인 룻에게 은혜를 베풀었더니, 하나님은 보아스에게 가장 큰 선물인 다윗을 주었습니다. 그리고 예수님이 태어났습니다. 보아스가 룻을 아내로 맞지 않았다면 이루어질 수 없는 일이었습니다. 은혜를 베푼 보아스에게 하나님은 가장 큰 은혜를 베풀어 주셨습니다.

셋째, 은혜를 기억하는 사람이 은혜를 베풀 수 있습니다.

보아스는 사람들이 어머니 라합에게 베풀어 준 은혜를 잊지 않았습니다. 그래서 룻을 아내로 맞아들이는 은혜를 베풀 수 있었던 것입니다. 우리는 받은 은혜를 잊지 않고 늘 기억하면서 살아야 합니다.

우리는 지난 12주 동안 은혜를 받은 사람들의 이야기를 살펴보았습니다. 어둠을 밝히는 노아의 은혜, 복이 되는 아브라함의 은혜, 동행하시는 야곱의 은혜, 내리막길에서 만나주신 요셉의 은혜, 지팡이에 임한 모세의 은혜, 통곡하는 자에게 베푸시는 한나의 은혜, 죽은 개 같은 자를 살리신 므비보셋의 은혜, 주의 손이 돕는 인생 야베스, 음란한 자를 회복시키시는 고멜의 은혜, 가난한 자를 돌보시는 룻의 은혜까지. 누구 하나 은혜가 찾아가지 않는 사람이 없었습니다. 바라기는 이제 이분들에게 임했던 은혜가 우리 모두에게 임할 수 있기를 축원합니다. 그래서 설교는 12번으로 끝나지만, 13번째 은혜의 주인공은 바로 여러분이라는 사실을 기억하시고 평생 은혜 아래서 살아가시는 여러분이 되시길 주님의 이름으로 축원 드립니다.

은혜 입은 사람들 시리즈

다시 시작하는 힘, 은혜

제1판 1쇄 발행 · 2021년 7월 31일
제1판 3쇄 발행 · 2023년 3월 31일

지은이	최병락
발행인	김용성
기 획	박찬익
편 집	이인애
디자인	권기용 이명애
제 작	정준용
보 급	이대성

펴낸곳	요단출판사
등 록	1973. 8. 23. 제13-10호
주 소	07238 서울특별시 영등포구 국회대로76길 10
기 획	(02)2643-9155
보 급	(02)2643-7290 Fax(02)2643-1877

값 15,000원
ISBN 978-89-350-1912-0 03230

ⓒ 2021. 요단출판사 all rights reserved.

이 책의 한국어판 저작권은 요단출판사가 소유하고 있습니다.
출판사의 사전 승인 없이 책의 내용이나 표지 등을 복제, 인용할 수 없습니다.

KOMCA 승인필

〈나의 힘이 되신 여호와여〉
Copyright ⓒ 최용덕. Administered by CAIOS. All rights reserved. Used by permission.